$100M
Les Modèles
d'Argent

Comment gagner de l'argent

ALEX HORMOZI

Ce que les gens disent d'Alex Hormozi

« Alex est mon mari. » - Leila Hormozi

« J'ai rencontré de nombreuses personnes, et Alex est l'une d'entre elles. » - Les amis d'Alex

« Alex accomplit des choses que j'ai observées. » - Le père d'Alex

« Alex est meilleur dans certains domaines que dans d'autres. » - La mère d'Alex

« Alex a écrit un livre. J'ai lu de nombreux livres. » - Critique littéraire

$100M
Les Modèles
d'Argent

Comment gagner de l'argent

ALEX HORMOZI

Avertissement

Les informations fournies dans cet ouvrage sont uniquement à des fins éducatives et informatives. L'auteur, l'éditeur et le distributeur agréé ont pris toutes les mesures raisonnables pour s'assurer que les informations contenues dans cet ouvrage étaient exactes au moment de sa publication. L'auteur, l'éditeur et le distributeur agréé ne font aucune déclaration et n'offrent aucune garantie quant à la qualité marchande, l'adéquation à un usage particulier, l'exactitude ou l'exhaustivité actuelle ou continue, et la fiabilité du contenu de cet ouvrage.

Les stratégies, conseils et outils présentés dans cet ouvrage reflètent les opinions personnelles de l'auteur et sont fournis tels quels. Ils ont pour objectif de fournir des informations utiles et instructives sur les sujets abordés dans cet ouvrage. La réussite dans toute entreprise commerciale ou marketing repose sur un large éventail de facteurs propres à chaque individu ou entreprise.

Les lois sont susceptibles d'être modifiées et peuvent varier selon le lieu et la juridiction. En tant que lecteur, vous êtes invité à consulter un professionnel le cas échéant et à examiner les lois locales en vigueur avant de mettre en œuvre toute stratégie ou campagne marketing.

Les déclarations de l'auteur concernant les gains et les revenus ne sont que des déclarations ambitieuses concernant vos gains potentiels. Le succès de l'auteur et des autres personnes mentionnées dans le présent ouvrage, les témoignages et les autres exemples utilisés sont des résultats exceptionnels et atypiques et ne sont pas destinés à garantir que vous ou d'autres personnes obtiendrez les mêmes résultats. Les résultats individuels varient toujours et vos résultats dépendront entièrement de vos capacités individuelles, de votre éthique de travail, de votre entreprise, de vos compétences et de votre expérience, de votre niveau de motivation, de votre diligence dans l'application des stratégies discutées, de l'économie, des risques normaux et imprévus liés à l'exercice d'une activité commerciale et d'autres facteurs qui relèvent ou non de votre contrôle.

Aucune garantie n'est donnée quant à l'obtention de résultats à partir des idées présentées dans cet ouvrage. L'auteur, l'éditeur et le distributeur agréé déclinent toute responsabilité (expresse ou implicite), y compris, sans limitation, celles relatives à la qualité marchande, à l'adéquation à un usage particulier, à l'exactitude ou à l'exhaustivité actuelle ou continue, et à la fiabilité. Vous utilisez les informations fournies à vos propres risques. Comme décrit plus en détail dans le présent document, l'auteur, l'éditeur et le distributeur agréé ne peuvent en aucun cas être tenus responsables envers vous ou toute autre partie pour tout dommage direct, indirect, punitif, spécial, accessoire, spéculatif ou autre dommage consécutif résultant directement ou indirectement de l'utilisation et/ou de la mauvaise utilisation de cet ouvrage, qui est fourni « tel quel » et sans garantie.

Comme toujours, il convient de solliciter et d'obtenir l'avis d'un professionnel compétent en matière juridique, fiscale, comptable, financière ou autre.

Toute déclaration exprimant ou impliquant des discussions concernant des prévisions, des objectifs, des attentes, des convictions, des plans, des projections, des hypothèses ou des événements ou performances futurs ne constitue pas un fait historique et peut être considérée comme une « déclaration prospective ». Les déclarations prospectives sont basées sur des attentes, des estimations et des projections au moment où elles sont faites, qui impliquent un certain nombre de risques et d'incertitudes susceptibles d'entraîner des résultats ou des événements réels sensiblement différents de ceux actuellement prévus.

La gestion d'une entreprise comporte des risques de perte ainsi que des possibilités de profit. Toutes les entreprises comportent des risques, et toutes les décisions commerciales restent la responsabilité de l'individu. L'auteur, Bumble IP, LLC, Acquisition.com, LLC et leurs filiales (collectivement dénommés ci-après la « Société ») ne garantissent en aucun cas que les stratégies décrites dans cet ouvrage seront rentables ou bénéfiques pour vous ou votre entreprise, et la Société n'est pas responsable des pertes commerciales potentielles liées à ces stratégies.

Les représentants de la Société sont des professionnels, et leurs résultats ne sont pas représentatifs de ceux d'un individu moyen. Les antécédents, la formation, les efforts et le dévouement des individus et des chefs d'entreprise auront une incidence sur leur expérience globale. Tous les exemples partagés dans cet ouvrage sont purement illustratifs et ne garantissent pas un retour sur investissement ou d'autres résultats. Les résultats peuvent varier d'un lecteur à l'autre. La Société ne garantit pas les performances, l'efficacité ou l'applicabilité des sites répertoriés ou liés dans cet ouvrage. Tous les liens sont fournis à titre informatif uniquement et ne sont pas garantis quant à leur contenu, leur exactitude ou tout autre objectif implicite ou explicite. Toutes les informations fournies dans cet ouvrage concernant la gestion d'une entreprise et les stratégies commerciales sont uniquement à titre éducatif et ne constituent pas des garanties spécifiques de succès. Bien que des précautions raisonnables aient été prises lors de la préparation de cet ouvrage, la société n'assume aucune responsabilité pour les erreurs et/ou omissions. Cet ouvrage est publié sans garantie d'aucune sorte, expresse ou implicite. La Société n'est pas responsable des dommages, qu'ils résultent directement ou indirectement de l'utilisation et/ou de la mauvaise utilisation de cet ouvrage. Les lecteurs acceptent de dégager la Société et ses membres, employés, agents, représentants, affiliés, filiales, successeurs et ayants droit (collectivement dénommés « Agents ») de toute responsabilité et de les indemniser contre toute réclamation, responsabilité, perte, cause d'action, coût, perte de profits, perte d'opportunités, dommages indirects, spéciaux, accessoires, consécutifs, punitifs ou tout autre dommage et dépense (y compris, sans limitation, les frais de justice et les honoraires d'avocat) (« Pertes ») invoquées contre, résultant de, imposées à ou encourues par l'un des Agents à la suite de, ou découlant de l'utilisation et/ou de la mauvaise utilisation de ce livre par le lecteur. Ce livre est destiné à des fins d'information et d'éducation uniquement.

LES RÉSULTATS DE PERFORMANCE HYPOTHÉTIQUES PRÉSENTENT DE NOMBREUSES LIMITATIONS INHÉRENTES, DONT CERTAINES SONT DÉCRITES CI-DESSOUS. RIEN NE GARANTIT QU'UNE ENTREPRISE RÉALISERA OU EST SUSCEPTIBLE DE RÉALISER DES BÉNÉFICES OU DES PERTES SIMILAIRES À CEUX INDIQUÉS OU DÉCRITS. EN EFFET, IL EXISTE SOUVENT DES DIFFÉRENCES MARQUÉES ENTRE LES RÉSULTATS HYPOTHÉTIQUES ET LES RÉSULTATS RÉELS OBTENUS PAR UNE ENTREPRISE DONNÉE. L'UNE DES LIMITES DES RÉSULTATS DE PERFORMANCE HYPOTHÉTIQUES EST QU'ILS SONT GÉNÉRALEMENT ÉTABLIS AVEC LE RECUL. DE PLUS, LES ACTIVITÉS HYPOTHÉTIQUES N'IMPLIQUENT AUCUN RISQUE FINANCIER, ET AUCUN RÉSULTAT HYPOTHÉTIQUE NE PEUT TENIR COMPTE DE MANIÈRE EXHAUSTIVE DE L'IMPACT DES RISQUES FINANCIERS ET AUTRES SUR LES ACTIVITÉS RÉELLES. PAR EXEMPLE, LA CAPACITÉ À SUPPORTER DES PERTES OU À ADHÉRER À UNE STRATÉGIE COMMERCIALE PARTICULIÈRE MALGRÉ DES PERTES COMMERCIALES SONT DES POINTS IMPORTANTS QUI PEUVENT ÉGALEMENT AFFECTER NÉGATIVEMENT LES RÉSULTATS COMMERCIAUX RÉELS. IL EXISTE DE NOMBREUX AUTRES FACTEURS LIÉS AUX MARCHÉS EN GÉNÉRAL OU À LA MISE EN ŒUVRE DE TOUT PROGRAMME COMMERCIAL SPÉCIFIQUE, QUI NE PEUVENT ÊTRE PRIS EN COMPTE DE MANIÈRE EXHAUSTIVE DANS LES PRÉPARATION DE PERFORMANCES HYPOTHÉTIQUES.

Dans le présent document, le terme « livre » désigne le présent ouvrage, son contenu et toutes les informations et idées qu'il contient.

Copyright © 2025 par Bumble IP, LLC et distribué sous licence par Acquisition.com, LLC. La reproduction ou la traduction de toute partie de cet ouvrage au-delà de ce qui est autorisé par les sections 107 ou 108 de la loi américaine sur le droit d'auteur de 1976 sans l'autorisation du titulaire du droit d'auteur est illégale. Acquisition.com®, son logo et $100M® sont tous des marques déposées de Bumble IP, LLC et utilisés sous licence limitée par Acquisition.com, LLC. Tous droits réservés, y compris les droits relatifs à l'exploration de textes et de données et à la formation de technologies artificielles ou similaires.

Principes directeurs

« Le risque vient du fait de ne pas savoir ce que l'on fait. » - Warren Buffett

« Plus importante que la volonté de gagner est la volonté de se préparer. » - Charlie Munger

Quelques mots

LEILA :

J'ai écrit cette dédicace il y a sept ans dans mon premier livre...

Je tiens à remercier ma partenaire, ma complice, Leila. Tu m'as trouvé au pire moment de ma vie, et tu as combattu à mes côtés, épaule contre épaule, depuis ce jour. Tu m'as dit que tu serais prête à dormir avec moi sous un pont s'il le fallait, et je ne l'ai jamais oublié. Tu es restée debout alors que tout s'écroulait autour de moi. Je serais prêt à partir en guerre avec toi. Je mourrais pour toi. Si le monde était un ouragan, être à tes côtés serait comme être dans l'œil du cyclone, observant calmement la tempête qui fait rage autour de nous. Je ne voudrais personne d'autre à mes côtés pour affronter les combats à venir. Avec toi, les étoiles semblent à portée de main. À une vie où l'impossible devient possible.

Et sept ans plus tard... rien n'a changé.

TREVOR : *Comme le fer aiguise le fer, ainsi un homme en aiguise un autre. Proverbes 27:17*

C'est une chose rare et merveilleuse que l'homme le plus intelligent que vous ayez rencontré vous considère comme un ami. Si l'ignorance est le seul véritable mal et la connaissance le seul véritable bien, toi, mon frère, tu es une force du bien. Le monde est meilleur avec toi. Et je me battrai pour qu'il le reste. Ma vie ne serait pas la même sans toi. Je ne serais pas le même sans toi. Je doute de pouvoir un jour te rendre la faveur que tu m'as faite en entrant dans ma vie. Mais je vivrai en essayant. Merci de m'avoir offert un cadeau bien plus précieux qu'un paragraphe en début de livre ne pourra jamais rembourser. Nous ajouterons notre pierre à l'édifice. À une amitié unique en son genre. Philia.

Table des matières

Commencer ici 1

Chapitre I : Qu'est-ce qu'un Modèle d'Argent ? 11
Les quatre types d'offres qui constituent les Modèles d'Argent 17

Chapitre II : Offres d'attraction 21
Récupérez votre argent 24
Concours 33
Offre leurre 42
Achetez X, obtenez Y gratuitement 50
Payez moins maintenant ou payez plus plus tard 58
Offre de bonne action gratuite 64
Conclusion sur les offres d'attraction 67

Chapitre III : Offres de vente incitative (upsell) 69
L'Upsell classique 73
Upsell « à la carte » 81
Upsell d'ancrage 91
Upsells reportées 97
Conclusion sur les offres d'upsell 105

Chapitre IV : Offres de vente alternative (downsell) 107
Downsell par plan de paiement 111
Essai sous conditions 120
Downsells avec options 130
Conclusion sur les offres de downsell 139

Chapitre V : Offres d'abonnement 141
Offres bonus sur abonnement 144
Offres de remise sur les abonnements 153
Offres sans frais 162
Conclusion sur les offres d'abonnement 167

Chapitre VI : Créez votre Modèle d'Argent 169
Dix ans en dix minutes 180
Dernières réflexions 184
Cadeaux gratuits 186

COMMENCER ICI

La vie brise tout le monde, et ensuite, quelques-uns deviennent plus forts aux endroits où ils ont été brisés. - Ernest Hemingway

L'endroit où je dormais dans ma première salle de sport : ma « chambre en béton ».

Je fixais le plafond dans l'obscurité, seul. Je n'avais personne vers qui me tourner. Cela parait cool à posteriori, mais ce n'était pas le cas à ce moment-là. J'étais terrifié.

J'ai désobéi à mon père. J'ai abandonné mes études de commerce. J'ai dépensé toutes mes économies. Toutes les personnes qui m'étaient chères m'ont déconseillé de le faire. J'étais l'idiot qui avait renoncé à une belle carrière.

Je pensais que j'allais aimer la difficulté. Mais la réalité m'a rattrapé… très vite.

Des jeunes faisaient la fête toute la nuit dans le parking juste au-dessus de moi. Ils couraient sur les barres métalliques. On aurait dit des coups de feu qui résonnaient dans ma chambre en béton. Quand je commençais à peine à m'endormir un nouveau *bang-bang*, *bang-bang* me réveillait en sursaut.

J'ai finalement renoncé à essayer de dormir la nuit. Je me suis contenté de faire des siestes à midi … dans le placard à balais.

Et, en pleine nuit, je travaillais. *Je devais gagner de l'argent.*

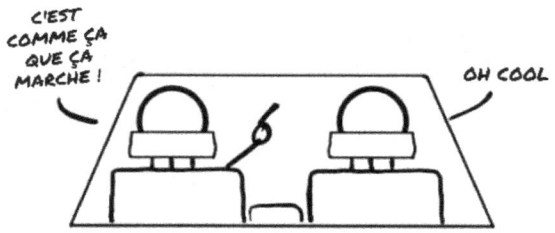

Ma salle de sport était située en face d'une grande entreprise de stockage. Le propriétaire est devenu l'un de mes rares membres... uniquement pour des raisons pratiques. Quelques semaines après son inscription, il m'a pris à part après son entraînement. « J'ai fait quelques calculs », m'a-t-il dit, « il me semble que tu galères ». J'ai tenté de dissimuler mon embarras, mais sans succès. « Très bien, jeune homme. Allons prendre le petit-déjeuner ensemble demain. » J'ai hésité, pensant à mon compte en banque. Avant que je puisse répondre, il a ajouté : « Ne t'inquiète pas. C'est moi qui invite. » Quel soulagement.

Le lendemain matin, nous nous sommes retrouvés au restaurant du coin vers 5 heures du matin.

Lorsque la serveuse nous a apporté notre café, il m'a demandé : « Combien de temps te reste-t-il à vivre ? »

« Hein ? »

« Combien d'argent as-tu économisé ? »

« Environ cinq mille dollars. »

« Ça te donne combien de temps avant d'être à sec ? »

J'ai réfléchi un instant. « Environ un mois. »

« Dur. Comment tu trouves tes clients ? »

« J'ai une offre spéciale à 39 dollars pour six semaines sur un site de réduction. »

« Combien de clients tu as eu ? »

« Quatre. »

« On dirait que tu as un problème… qu'il va falloir résoudre… vite. » Il laissa ses paroles faire leur effet. Puis je vis un sourire se dessiner sur son visage. « Laisse-moi te poser une question… *Combien coûte un mois de stockage gratuit ?* »

J'ai haussé les épaules… « Euh, rien ? »

Il a noté ma confusion et a dit : « Très bien, allons faire un tour. Je t'expliquerai tout dans mes locaux. »

Dès que nous sommes entrés, la réceptionniste nous a accueillis. « Bonjour, messieurs ! » « Bonjour, Judy. *Quel est le coût d'un mois de stockage gratuit ?* »

« 127 dollars, monsieur », a-t-elle répondu joyeusement.

Il a souri et s'est tourné vers moi. « Tu veux savoir comment ? » J'ai acquiescé. Il m'a fait traverser le bureau et descendre dans l'un des box fraîchement repeints. « Nous annonçons que le premier mois est gratuit, *et c'est le cas.* Mais quelle est la première chose dont tu as besoin après avoir obtenu un espace de stockage ? »

« Je ne sais pas. »

« Exactement. Personne ne le sait vraiment. Mais moi, je le sais, et j'aide les clients. Je vais te donner un indice... » Il désigna la serrure de la porte.

« Exactement... un cadenas ! »

« Oui, et pas un de ces cadenas fragiles que les enfants utilisent pour leurs casiers. De toute façon, ils ne conviendraient pas. De plus, n'importe quel individu mal intentionné muni d'une pince coupante pourrait les forcer en un instant... mais pas ceux-ci. » Il tapota le cadenas pour appuyer son propos.

« Ouh là, on dirait bien. Mais où est-ce qu'on trouve un truc comme ça ? »

« C'est drôle que tu poses la question. *J'ai tout un box rempli de ces cadenas.* Le tien, aujourd'hui, pour seulement 47 dollars. »

« D'accord, d'accord... Je comprends. Ils viennent pour bénéficier du mois gratuit, mais à quoi sert un espace de stockage si on ne peut pas le verrouiller ? »

« Exactement », répondit-il.

« Je comprends, mais d'où viennent les 80 dollars restants ? »

« Excellente mémoire. Que veux-tu d'autre ? » J'ai haussé les épaules.

« Eh bien, si tu as des *affaires* à stocker... il te faudra des *cartons* pour les ranger ! Mais pas de panique. Nous avons des cartons de toutes les formes et de toutes les tailles pour répondre à tous tes besoins de stockage. Nous proposons aussi du scotch, des étiquettes et des marqueurs indélébiles pour que tu saches exactement ce qu'il y a dans chaque carton. Super pratique. »

« Oh, bien sûr. C'est tout à fait logique. »

« De quoi d'autre aurais-tu besoin ? »

« Je ne sais pas... de l'aide pour déménager ? »

« Exact ! Alors, nous ne proposons pas de service de déménagement en interne. Mais nous avons un partenariat avec une société locale de déménagement et nous touchons une commission. Et si tu préfères tout déplacer toi-même, pas de problème : nous avons des diables, des chariots, des sangles et d'autres outils disponibles… contre un petit supplément. Après tout, pourquoi acheter tout un tas de matériel que tu n'utiliseras qu'une seule fois ? Quel gaspillage ! »

« Oh oui, je n'y avais pas pensé. »

« De quoi d'autre auras-tu besoin ? »

« Euh, je ne sais vraiment pas. »

« Eh bien, ce que tu stockes a de la valeur, non ? Du moins, de la valeur pour toi d'une certaine manière. Je veux dire, si ça n'en avait aucune, tu l'aurais jeté à la décharge ! Donc… tu vas vouloir une assurance, au cas où il arriverait quelque chose. Moi, je donne déjà 500 dollars d'assurance gratuite à tous mes clients. Mais si tu as l'un des cadenas spéciaux que *moi seul propose*, je fais grimper la couverture à 100 000 dollars, pour seulement 10 dollars de *plus* par mois. » Il bomba le torse avec fierté.

« Waouh. Et tout ça fait un total de 127 dollars ? »

« Oui. Cependant, nous n'avons pas encore terminé. Tu sais ce qui arrive tout le temps ? »

Entrant dans son jeu, je lui ai répondu : « Je ne sais pas, que se passe-t-il ? »

« Tout le monde possède généralement plus d'objets qu'il ne le pense. Et ils louent *toujours* des unités trop petites. En réalité, cela se produit si souvent *que* nous proposons *systématiquement* une taille supérieure. Ils obtiennent l'espace dont ils ont besoin et nous réalisons un bénéfice supplémentaire. Tout le monde y trouve son compte. »

« Waouh. C'est vraiment malin. J'ignorais tout ça. »

« Bien sûr. Pourquoi le saurais-tu ? »

« Pas faux. Mais comment je peux utiliser ça pour développer ma salle de sport ? »

« Écoute, je faisais du business avant que tu ne viennes au monde. Et quand tu comprends comment gagner de l'argent dans un business — vraiment comprendre — tu commences à voir des façons d'en faire dans n'importe quel business. Et une chose est sûre : plus tu en fais longtemps, plus tu apprends. »

« Waouh, cela fait donc 23 ans que vous possédez cet établissement ? »

« Cet établissement, non. Celui-ci est l'un de mes nouveaux établissements. »

« Vous en avez plusieurs ? »

« J'en ai vingt-sept. »

« Oh... bon sang. » Je me sentais tout petit.

« Bon, je dois aller bosser. Tu sais où se trouve la sortie ? »

« Oui », répondis-je en riant. « Je pense que je peux traverser la rue. »

Deux ans et demi plus tard...

Je possédais désormais six salles de sport. J'avais progressé. Et je souhaitais progresser davantage. J'ai donc investi 25 000 dollars pour bénéficier d'une heure avec un spécialiste du marketing renommé. Je ne lui avais jamais parlé, mais je connaissais son travail comme ma poche. J'avais un objectif pour cet entretien : qu'il m'aide à développer mes salles de sport.

Après de brèves présentations, nous sommes entrés dans le vif du sujet.

« ... oui, et c'est ainsi que j'ouvre mes salles de sport à pleine capacité dès le premier jour. Je verse 3 000 dollars pour un bail et je diffuse des publicités pendant quelques jours. Je vends des abonnements dans le bâtiment encore vide. Ensuite, l'argent provenant de ces inscriptions est utilisé pour financer davantage de publicités, d'équipements, de peinture, de revêtements de sol, de mobilier, de signalétique et tout ce dont le site a besoin. En procédant ainsi, j'ai ouvert un nouveau site tous les six mois sans avoir de dette. »

« C'est remarquable ! Pourriez-vous m'expliquer cela plus en détail ? »

Son entreprise générait un million de dollars par mois. Ces chiffres m'avaient impressionné. *Et il souhaitait connaître ma stratégie publicitaire ?* J'étais très fier.

« Je fais de la publicité pour un défi gratuit de six semaines jusqu'à ce que j'obtienne environ 20 prospects par jour », ai-je répondu.

« Je comprends, continuez », a-t-il répondu.

« Environ la moitié des prospects se présentent aux rendez-vous. Je vends à la moitié d'entre eux un programme à 600 $. Ainsi, environ 25 % de mes prospects deviennent des clients payants. Je réalise également un bénéfice supplémentaire de 80 $ par client grâce à la vente de compléments alimentaires. Ce n'est pas négligeable. »

« Je suis d'accord », répondit-il. « Vous gagnez donc environ 680 dollars par client avant même d'ouvrir vos portes. C'est très satisfaisant... mais vous avez omis un élément. »

« Qu'est-ce que j'ai oublié ? »

« Combien payez-vous par prospect ? »

« Oh... 5 dollars. » *Si j'ai déjà connu un silence assourdissant dans ma vie, c'était bien celui-là.*

Il a bégayé un peu : « Donc, vous investissez *un* dollar... et vous *en gagnez 34... en 48 heures ?* »

« Oui, est-ce que c'est intéressant ? »

« C'est incroyable », a-t-il répondu. « Avez-vous quelque chose de prévu pour la suite ? »

J'ai souri jusqu'aux oreilles. « Oui ! Quelques semaines plus tard, je leur dis qu'ils peuvent récupérer leurs 600 dollars sous forme de crédit s'ils choisissent de s'inscrire pour un an. Les deux tiers des inscriptions se transforment en adhésions. Je me retrouve donc avec une salle de sport pleine et 20 000 dollars d'adhésions mensuelles... pour 3 000 dollars investis. Ensuite, je recommence. »

« Excusez-moi, vous réalisez tout ça *en trente jours* ? »

« Oui. C'est plutôt impressionnant, n'est-ce pas ? »

Il se frotta les yeux. « Vous ne devriez pas diriger des salles de sport. »

Oh mon Dieu. Je pensais qu'il allait me complimenter, mais il m'a dit que je devrais arrêter ? Mon esprit s'est emballé...

« Alex », dit-il, me ramenant à la réalité, « vous avez un niveau de compétence 10 dans un domaine qui n'exige qu'un niveau 2. »

Bon, au moins, il ne pense pas que je suis nul. « D'accord, que dois-je faire ? »

« Vous ne devriez pas gérer des salles de sport. Vous devriez enseigner aux autres propriétaires de salles de sport comment faire ce que vous venez de m'expliquer. »

Je n'appréciais pas l'idée d'abandonner ce que j'avais mis des années à construire. Cependant, il gagnait *beaucoup plus d'argent* que moi. Je me suis dit que si j'ignorais son conseil, autant brûler mon argent. J'ai donc suivi son conseil.

***

Au cours des neuf mois suivants, j'ai fermé ma nouvelle salle de sport et vendu mes cinq autres. Cela m'a permis de me consacrer entièrement à ma nouvelle entreprise : Gym Launch. Au cours des deux années suivantes, j'ai voyagé à travers le pays pour relancer des salles de sport. Puis, après plus de 30 relancements, je suis passé à un modèle de licence. Je ne me déplaçais plus en personne. À la place, je les aidais à suivre notre modèle pour remplir leurs salles de sport et augmenter leurs bénéfices. Il s'agissait certes d'un petit marché, mais ils étaient *en difficulté*, certains littéralement. Cependant, une fois qu'ils avaient rempli leur salle de sport en trente jours, ils en ont informé leurs amis. Gym Launch a connu un succès fulgurant. C'était incroyable.

Au cours des cinq années suivantes, j'ai perçu plus de 43 millions de dollars des propriétaires. Ensuite, j'ai vendu 66 % de l'entreprise pour 46,2 millions de dollars dans le cadre d'une transaction entièrement en liquide. Grâce à cette transaction, j'ai dépassé les 100 millions de dollars de valeur nette à l'âge de 31 ans. Et pour être clair, personne n'était plus surpris que moi.

À partir de là, ma femme et moi avons créé notre affaire familiale Acquisition.com afin d'investir dans des entreprises que nous savons comment développer. Notre portefeuille, au moment où j'écris ces lignes, génère plus de 200 000 000 dollars de chiffre d'affaires annuel. Il comprend des chaînes de magasins physiques, des logiciels, des services et de l'e-commerce. Même si nous travaillons dans de nombreux secteurs différents, nos entreprises se développent toutes en utilisant les mêmes principes que ceux que je partage dans ce livre.

Quels avantages pouvez-vous en tirer ?

En quelques pages, nous sommes passés de mes nuits passées à dormir à même le sol à un patrimoine net de plus de 100 000 000 de dollars. La question qui se pose naturellement est donc : comment ? Réponse : *en générant plus de revenus auprès des clients que ce qu'il en coûte pour les avoir*. Et c'est précisément le sujet de ce livre, *$100M – Les Modèles d'Argent*.

Depuis que je suis dans les affaires, le paysage a évolué à plusieurs reprises. Et il continuera de changer. La bonne nouvelle, c'est que des principes solides vous aident à générer des revenus, quelle que soit la situation. J'ai appris de nombreux Modèles d'Argent. Je présente ici mes préférés.

$100 M – Les Modèles d'Argent présente des offres qui ont déjà fait leurs preuves et que vous pouvez utiliser dès aujourd'hui. Vous y trouverez également les instructions pour les mettre en œuvre. Considérez *$100M – Les Modèles d'Argent* comme un livre avec des tickets de loto gagnants : il ne vous reste plus qu'à les encaisser.

Je tiens également à préciser *que ce sont mes notes personnelles*. Si elles figurent ici, c'est que je les ai utilisées pour générer des revenus. Ces chapitres contiennent mes observations et mes expériences avec différentes entreprises. Des chaînes locales aux produits physiques, en passant par les services, l'éducation, les logiciels, etc. Elles étaient dispersées un peu partout au fil des ans. *Jusqu'à présent.*

Voici mon livre de recettes pour gagner de l'argent.

Comment ce livre est-il structuré ?

Ce livre vous enseigne *une* technique extrêmement rentable : **comment créer un Modèle d'Argent de $100M.** Avec un Modèle d'Argent à $100 M, *vous gagnerez tellement d'argent au cours des trente premiers jours que le coût d'acquisition de nouveaux clients ne sera plus jamais un problème*. Avec autant de clients, vous serez obligé de vous concentrer sur *tous* les *autres* aspects de votre entreprise pour suivre le rythme. Un problème à résoudre dans un autre livre (clin d'œil).

Plan du livre

Commencer ici : *Vous venez de terminer.*
Chapitre I : Qu'est-ce qu'un Modèle d'Argent ? À suivre...
Chapitre II : Offres d'attraction
Chapitre III : Offres d'upsell
Chapitre IV : Offres de downsell
Chapitre V : Offres d'abonnement
Chapitre VI : Créez votre Modèle d'Argent

Voilà. Tout simple. Passons à la suite.

Conseil de pro : apprenez plus rapidement et plus en profondeur en lisant et en écoutant simultanément.

Voici une astuce que j'ai découverte il y a quelques années. Si vous écoutez un livre audio tout en lisant le livre papier ou électronique, vous lirez plus rapidement et retiendrez davantage. Vous enregistrez le contenu à plusieurs endroits dans votre cerveau. C'est très pratique. C'est ainsi que je lis les livres qui en valent la peine.

Je procède également ainsi parce que j'ai du mal à rester concentré. Écouter l'audio tout en lisant m'aide à éviter de me déconcentrer. Il m'a fallu deux jours pour enregistrer ce livre à voix haute. Je l'ai fait pour que ceux qui rencontrent les mêmes difficultés que moi n'aient plus à le faire.

Si vous souhaitez l'essayer, n'hésitez pas à vous procurer la version audio et à vous faire votre propre opinion. J'ai fixé le prix de mes livres au niveau le plus bas autorisé par les plateformes, ce n'est donc pas une stratégie pour générer des revenus supplémentaires, je vous le promets. J'espère que vous le trouverez aussi utile que moi.

J'ai décidé de présenter cette « astuce » dès le début. Ainsi, vous aurez la possibilité de la mettre en pratique si vous trouvez le premier chapitre suffisamment intéressant pour retenir votre attention.

Conseil de pro : astuce pour terminer les livres

Je suis facilement distrait. J'ai donc besoin de petites astuces pour rester concentré. Celle-ci m'aide beaucoup : <u>Terminez les chapitres. Ne vous arrêtez pas au milieu.</u> Terminer un chapitre vous apporte une vraie satisfaction. Cela vous permet de continuer. Ainsi, si vous rencontrez un chapitre difficile, terminez-le afin de pouvoir commencer le suivant l'esprit tranquille.

CHAPITRE I : QU'EST-CE QU'UN MODÈLE D'ARGENT ?

« Hormozi affiche le meilleur retour sur investissement publicitaire de toutes les entreprises qui utilisent notre plateforme de suivi publicitaire... et de loin. Il présente la marge la plus importante que nous ayons observé entre les dépenses et les revenus. Nous ne travaillons qu'avec des entreprises qui consacrent au moins 250 000 dollars par an au marketing, ce sont donc les meilleurs spécialistes du marketing, et ses chiffres sont exceptionnels en comparaison. »
— Alex Becker, PDG, Hyros.com

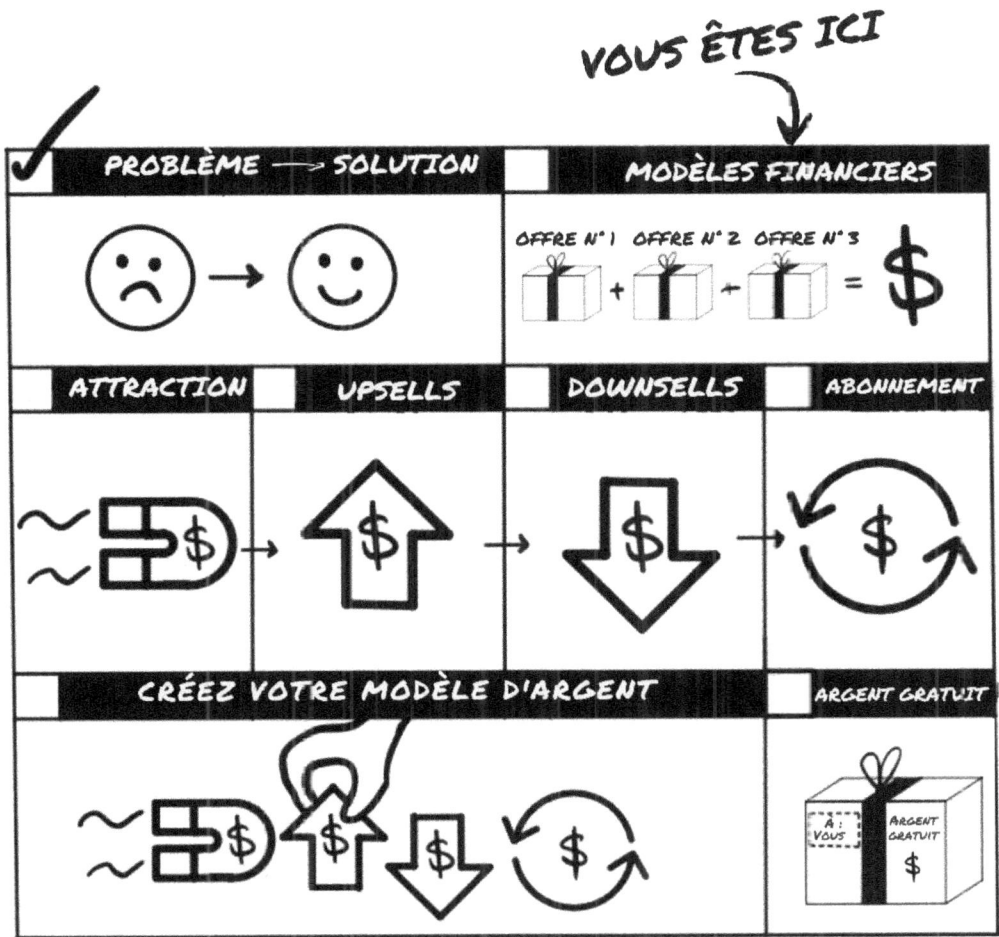

Décembre 2019.

« Bonjour Monsieur, puis-je avoir votre pièce d'identité afin de vérifier votre réservation ? » demanda l'agent de location de voitures en souriant. J'avais déjà ma pièce d'identité en main et la fis glisser sur le comptoir.

« Hmm. Il semble que nous n'ayons pas la voiture que vous avez réservée. Nous avons toutefois une voiture équivalente... mais vous êtes de forte corpulence. Préférez-vous plutôt un pick-up plus spacieux ? »

« Oui, cela me convient », ai-je répondu.

« Je vous ai réservé trois jours. » Elle pencha légèrement la tête sur le côté. « Souhaitez-vous bénéficier d'un retour tardif afin de pouvoir restituer le véhicule à tout moment de la journée sans vous soucier des frais de retard ? »

Je consultai mon emploi du temps sur mon téléphone. « Oui, nous avons un vol en soirée. Cela me convient parfaitement. »

« Parfait. Donnez-moi une seconde... je vais l'enregistrer. Souhaitez-vous souscrire une assurance plus complète pour couvrir les bosses et les rayures sur la voiture ? Elle couvre tous les dommages causés au véhicule pendant votre location. »

« Non, ça va. Nous n'avons pas l'intention de faire des courses de voitures pendant notre séjour », ai-je répondu en plaisantant.

« Donc, vous optez pour l'assurance *minimale* ? »

« Oui, c'est tout ce dont j'ai besoin. »

« Très bien, je vous remettrai vos clés dans un instant. Souhaitez-vous que nous nous occupions du plein d'essence afin que vous n'ayez pas à vous en soucier ? Vous pouvez rendre le véhicule avec le réservoir vide sans frais supplémentaires. Nous facturons 3,75 $ le gallon. »

« Quel est le prix de l'essence dans les environs ? » ai-je demandé.

« Environ 3,50 $ le gallon », a-t-elle répondu en souriant.

« D'accord, pourquoi pas. Je n'aime pas faire le plein quand je suis pressé pour prendre un vol. »

« Très bien ! Voici votre reçu. Il vous suffit de tourner au coin de la rue et votre voiture devrait se trouver à peu près à mi-chemin sur la gauche. Bon voyage ! »

***

En m'éloignant, j'ai jeté un coup d'œil au reçu et cela m'a interpellé. Je ne pouvais que rire de moi-même. Je suis venu pour une voiture à 19 $ par jour et je suis reparti en payant 100 $ par jour. 5 fois le prix ! C'est là tout le pouvoir d'un Modèle d'Argent bien conçu.

Ils connaissaient tout ce que je désirais (et même des choses dont je ne soupçonnais pas avoir envie). Et lorsqu'ils me les ont proposées, je les ai achetées avec plaisir.

Un Modèle d'Argent s'est mis en place

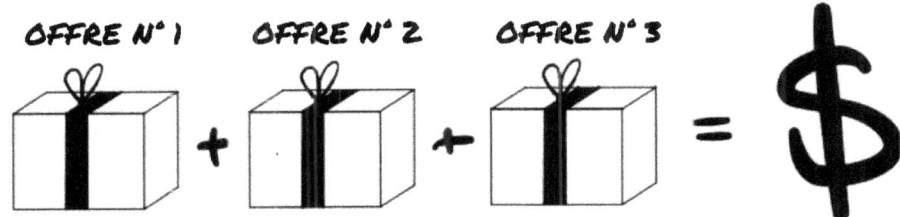

Un Modèle d'Argent est une *série d'offres*. À la base, nous identifions toutes les opportunités de résoudre un problème rencontré par un client, puis nous proposons de le résoudre. C'est pourquoi les Modèles d'Argent comportent généralement de nombreuses offres dans un ordre précis. Si vous proposez le bon produit au moment où les clients en ont besoin, vous pouvez faire *autant d'offres que vous le souhaitez*.

Voici le Modèle d'Argent de la société de location de voitures présenté de manière claire :

Offre n° 1 : surclassement du véhicule

Offre n° 2 : Retour tardif

Offre n° 3 : assurance premium

Offre n° 4 : assurance minimale à prix réduit

Offre n° 5 : essence prépayée

Donc oui, j'ai payé plus cher, *mais cela a également résolu davantage de problèmes*. Examinons les problèmes qu'elle a résolus :

- Elle a résolu mon problème de « personne de grande taille dans une petite voiture » en *me proposant* un véhicule plus spacieux.
- Elle a résolu mon problème de « retour tardif » en *m'offrant* la possibilité de garder le véhicule plus longtemps.
- Elle a résolu mon problème de « peur d'abîmer la voiture » en *proposant* une assurance pour le couvrir.

- Elle a résolu mon problème de « risque de rater mon vol » en me *proposant* de prépayer l'essence à l'avance afin que je n'aie pas à le faire à mon retour.

    … Et toutes ces choses m'ont coûté de l'argent, que *j'ai été heureux de payer.*

La société de location de voitures a pensé à tous les détails. Elle m'a informé du problème, puis *m'a proposé une solution.* Elle m'a proposé des solutions pour éviter des frais plus élevés et des désagréments que j'aurais pu rencontrer plus tard, moyennant des frais moins élevés au total et *dans l'immédiat.*

En conséquence, ma location de 19 dollars s'est transformée en une location de 100 dollars. J'ai payé *plus d'argent plus rapidement.* Et maintenant, nous comprenons pourquoi le secteur de la location de voitures génère des milliards de dollars rien qu'aux États-Unis… *par mois.* Un Modèle d'Argent efficace.

Attention : les mauvais Modèles d'Argent peuvent nuire aux entreprises.

Pour de nombreuses entreprises, le coût lié à l'acquisition d'un nouveau client est supérieur au bénéfice généré par la vente d'un produit. En d'autres termes, elles perdent de l'argent en acquérant de nouveaux clients, *ce qui constitue un problème majeur.*

Voici ce qui se produit…

- Elles dépensent de l'argent pour attirer des clients.
- À la fin du mois, elles se rendent compte qu'elles ont dépensé plus qu'elles n'ont gagné.
- Elles réduisent leurs dépenses publicitaires.
- Elles attirent moins de clients qu'elles ne peuvent en gérer, car elles n'ont pas les moyens de les accueillir.
- Ensuite, elles cessent complètement toute publicité.
- Elles font fonctionner l'entreprise avec leurs fonds personnels, des prêts, des crédits, puis… *esp*èrent réaliser des bénéfices.
- Elles vendent des parts de leur entreprise simplement pour maintenir l'activité.
- Elles attendent des mois (voire des années) pour récupérer leur investissement… si tant est que cela arrive.

- Elles accumulent de plus en plus de retard jusqu'à ce que…
- Finalement, elles perdent tout.

Cependant, cela ne doit pas nécessairement se passer ainsi. Il existe de nombreuses opportunités financières. Il suffit de *les saisir*.

Dans le commerce traditionnel, les profits modestes générés par un grand nombre de clients *finissent* par compenser le coût d'un *seul* client. Ces profits modestes limitent les liquidités de l'entreprise. Cela signifie qu'elle ne peut attirer un grand nombre de clients par la publicité que *si elle dispose déjà d'une clientèle importante*. Les grandes entreprises (ou les petites entreprises soutenues par des investisseurs) peuvent se permettre cette approche, car elles disposent de ressources financières importantes.

Considérez les choses sous cet angle. Si vous dépensez 100 dollars en publicité pour acquérir un client et que vous gagnez

500 $ de profit, c'est une excellente affaire. Vous devriez accepter sans hésiter. Cependant, que se passera-t-il si vous mettez deux ans à récupérer votre investissement ? C'est une excellente affaire… si vous disposez déjà de beaucoup d'argent en banque. Sinon, *vous risquez de manquer de liquidités*. Vous avez alors deux options :

Option n° 1 : attendre deux ans pour être payé et espérer ne pas manquer d'argent.

Option n° 2 : être payé rapidement et vous développer autant que vous le souhaitez.

Un bon Modèle d'Argent est l'option n° 2.

Note de l'auteur : réalisez suffisamment de bénéfices pour couvrir vos coûts en 30 jours ou moins.

Je préfère couvrir mes coûts d'acquisition d'un client en 30 jours. La raison principale est que toute entreprise peut obtenir de l'argent sans intérêt pendant 30 jours sous la forme d'une carte de crédit. Si vous réglez votre solde avant la fin du mois, cela fonctionne comme de l'argent ordinaire. Vous pouvez donc utiliser le crédit pour acquérir un client, le rembourser, puis l'utiliser à nouveau pour acquérir le client suivant. Et si vous pouvez le rembourser *avant* les 30 jours, vous pouvez recommencer. Répétez l'opération.

Les bons Modèles d'Argent font les millionnaires

Si vous faites davantage d'offres et que les clients les acceptent, vous gagnez davantage d'argent. Si vous gagnez davantage d'argent, vous pouvez l'utiliser pour attirer davantage de clients. S'ils vous paient plus rapidement, vous pouvez attirer ces clients plus rapidement *et* rester rentable.

Cependant, si vous parvenez à doubler la valeur de vos clients, à en acquérir deux fois plus et à les acquérir deux fois plus rapidement, *votre entreprise connaîtra une croissance huit fois plus rapide*. Et si vous les triplez, *votre entreprise connaîtra une croissance vingt-sept fois plus rapide*. Comprenez-vous où je veux en venir ? Vous pouvez devenir très important, très rentable, très *rapidement, avec seulement quelques changements*. Et c'est précisément ce que je vais vous apprendre à faire.

À suivre

Les Modèles d'Argent sont une série d'offres. Différentes offres répondent à différents problèmes. Par conséquent, si vous souhaitez réussir, vous devez déterminer quelle offre proposer *ensuite*. Pour cela, il est nécessaire de comprendre *les quatre types d'offres…*

Les quatre types d'offres qui constituent les Modèles d'Argent

Cessez d'être pauvre. - Paris Hilton
Il n'y a pas de limite. - Lindsay Lohan, Cady Heron dans Mean Girls

Il est préférable de faire une offre plutôt que de n'en faire aucune. Et il est préférable de faire plusieurs offres plutôt qu'une seule. Combiner plusieurs offres dans un ordre précis permet de créer un Modèle d'Argent. Mes Modèles d'Argent combinent quatre types d'offres différents.

Quatre types d'offres

Il existe quatre types d'offres : les offres d'attraction, les offres de vente incitative (upsells), les offres de vente alternatives (downsells) et les offres d'abonnement. Toutes améliorent notre Modèle d'Argent, mais chacune à *sa manière*. Elles fonctionnent très bien seules, mais ensemble, elles rendent votre entreprise incontournable.

1) **Les offres d'attraction** transforment les inconnus en clients.
2) **Les offres upsells** encouragent les clients à dépenser davantage.
3) **Les offres downsells** incitent les clients à accepter lorsqu'ils auraient autrement refusé.
4) **Les offres d'abonnement** incitent les clients à continuer d'acheter.

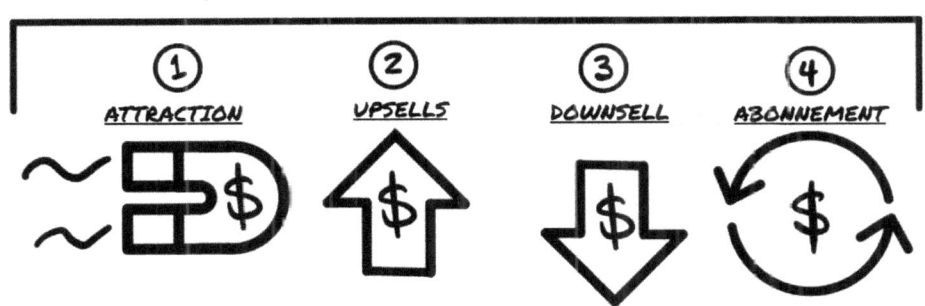

Si vous examinez les grandes entreprises, vous constaterez que différentes versions de ces offres constituent les éléments essentiels de leur moteur de rentabilité. Vous pouvez utiliser une, deux, plusieurs ou les quatre offres ensemble. Vous pouvez les combiner comme vous le souhaitez. Cependant, lorsque j'examine *mes* activités les plus rentables, je constate que j'ai utilisé les quatre. Voici pourquoi :

Si vous n'avez pas d'offre pour attirer des clients, vous n'en aurez pas beaucoup. Cependant, supposons que vous en ayez une. Si vous n'avez que cette seule offre à proposer, vous ne gagnerez pas autant d'argent que vous le pourriez. Par conséquent, si vous avez quelque chose d'autre à proposer, une vente upsell, vous finirez par générer des revenus.

Cependant, vous ne gagnerez toujours pas autant que vous le pourriez, car de nombreuses personnes continueront de refuser. Nous transformons donc ces refus en acceptations grâce à des ventes downsells. Cette approche est efficace, mais il serait préférable de disposer d'un revenu supplémentaire garanti *chaque mois*. Vous pouvez donc proposer une offre d'abonnement pour compléter le tout. C'est ainsi que je procède.

Comment j'ai structuré les sections

Je commence par les offres d'attraction, car si vous n'attirez pas de clients, c'est la première chose dont vous avez besoin. Ensuite, nous abordons les offres de vente upsells, suivies des offres de vente downsells. Pour finir, je vous présente mes offres d'abonnement préférées, *exactement telles que je les ai apprises*.

Comment j'ai structuré chaque chapitre

Chaque chapitre comporte six éléments :

1) **Des croquis** tirés directement de mes notes. Exactement tels que je les ai dessinés. Cela m'a aidé à m'en souvenir, donc cela vous aidera également à vous en souvenir.

2) **L'histoire** de ma première rencontre avec ce Modèle d'Argent.

3) Une **explication** du fonctionnement du Modèle d'Argent.

4) Quelques **exemples** illustrant l'application du Modèle d'Argent dans différents secteurs. Réfléchissez à la manière dont vous pourriez utiliser le Modèle d'Argent dans votre entreprise.

5) **Des points importants** et stratégies pour garantir l'efficacité du Modèle d'Argent. Ces conseils vous aideront à mettre en œuvre cette stratégie *dès votre première tentative*, comme si vous l'aviez déjà fait à maintes reprises.

6) **Des points à retenir**. Tous les points importants concernant le Modèle d'Argent. De plus, quelques réflexions supplémentaires sur la manière de rendre le Modèle d'Argent plus rentable.

Points importants :

Avant de partager ces précieuses informations, je tiens à clarifier certains points :

1) **Toutes les entreprises ont des Modèles d'Argent. C'est ce qui fait d'une entreprise une entreprise.** Remplacez le mantra *du pauvre* « cela ne fonctionnera pas pour mon entreprise » par le mantra du *riche* « comment puis-je faire en sorte que cela fonctionne pour mon entreprise ? ». Elles sont toutes efficaces. *Faites preuve de créativité.*

2) **Certains Modèles d'Argent fonctionnent mieux dans certaines entreprises que dans d'autres.** Il s'agit simplement de différentes façons de proposer des produits ou services. Si vous essayez simplement de reproduire ce que « les autres » font, vous risquez d'être déçu. Pour que cela fonctionne pour votre entreprise, vous devez concevoir votre propre Modèle (mais ne vous inquiétez pas, je vous montrerai comment).

3) **Si un client demande à être remboursé, *remboursez-le*.** Évitez les complications. Et si vous avez commis *une erreur, corrigez-la*. Ne soyez pas imprudent. Traitez bien vos clients. La prochaine fois, consacrez du temps et des ressources à trouver de meilleurs clients.

4) **La vente agressive est réservée aux produits de qualité médiocre.** Si quelqu'un n'est pas intéressé, *ce n'est pas grave*. N'essayez pas de convaincre quelqu'un contre son gré. Proposez vos offres au moment où votre client rencontre un problème et vous devancerez la concurrence. S'il n'est pas intéressé, ce n'est pas grave. Trouvez quelqu'un qui l'est. C'est une question de chiffres.

5) **Respectez la loi.** J'ai appris ces techniques dans différentes situations, auprès de différentes personnes, sur différentes plateformes, à différents moments, dans différents endroits, en suivant différentes règles. Les lois sur la publicité changent constamment. Et elles ont tendance à devenir de plus en plus strictes, en particulier en ce qui concerne la notion de « gratuit ». Vérifiez auprès d'un avocat si l'offre que vous souhaitez proposer est légale ou non. Ce livre est destiné à être une source d'inspiration pour votre Modèle d'Argent. Utilisez-le à cette fin.

6) **Soyez transparent.** Exposez les faits. Si les faits ne sont pas convaincants, modifiez la réalité pour les rendre convaincants ou apprenez à les présenter de manière convaincante. Ne mentez pas. Vous vous porteriez préjudice à long terme. Contrairement à une dette de carte de crédit, vous ne pouvez pas déclarer faillite pour effacer une mauvaise réputation. Une fois que vous avez une mauvaise réputation, elle vous suit toute votre vie.

7) **Chaque offre peut être utilisée individuellement, à tout moment et dans n'importe quel ordre.** Une entreprise est viable tant qu'elle génère des bénéfices. La plupart des offres présentées dans cet ouvrage peuvent à elles seules répondre à cette exigence minimale. Utilisées dans le bon ordre et au bon moment, elles constituent un *Modèle d'Argent de $100M*. J'ai de grands rêves, et je suis convaincu que vous aussi. Nous allons donc les exploiter pleinement.

Tout est dit, alors en route !

Première étape : les offres d'attraction

La plupart des entreprises dépensent trop pour acquérir des clients et en tirent trop peu de bénéfices. *Elles sont limitées en termes de liquidités.* Cependant, vous utilisez ces liquidités pour attirer davantage de clients. Et j'apprécie d'avoir plus de clients. C'est pourquoi je commence toujours par résoudre ce problème avec une offre attractive.

CADEAU GRATUIT : Tutoriel bonus sur les quatre types d'offres

Si vous souhaitez approfondir notre approche en matière de superposition des offres, rendez-vous sur acquisition.com/training/money. Cette formation est gratuite et accessible à tous. Mon objectif est de gagner votre confiance. Et la confiance se construit brique par brique. Que cette formation soit la première de nombreuses briques. Bonne formation. Vous pouvez également scanner le code QR si vous préférez ne pas taper l'adresse.

CHAPITRE II : OFFRES D'ATTRACTION

Comment transformer les regards en argent.

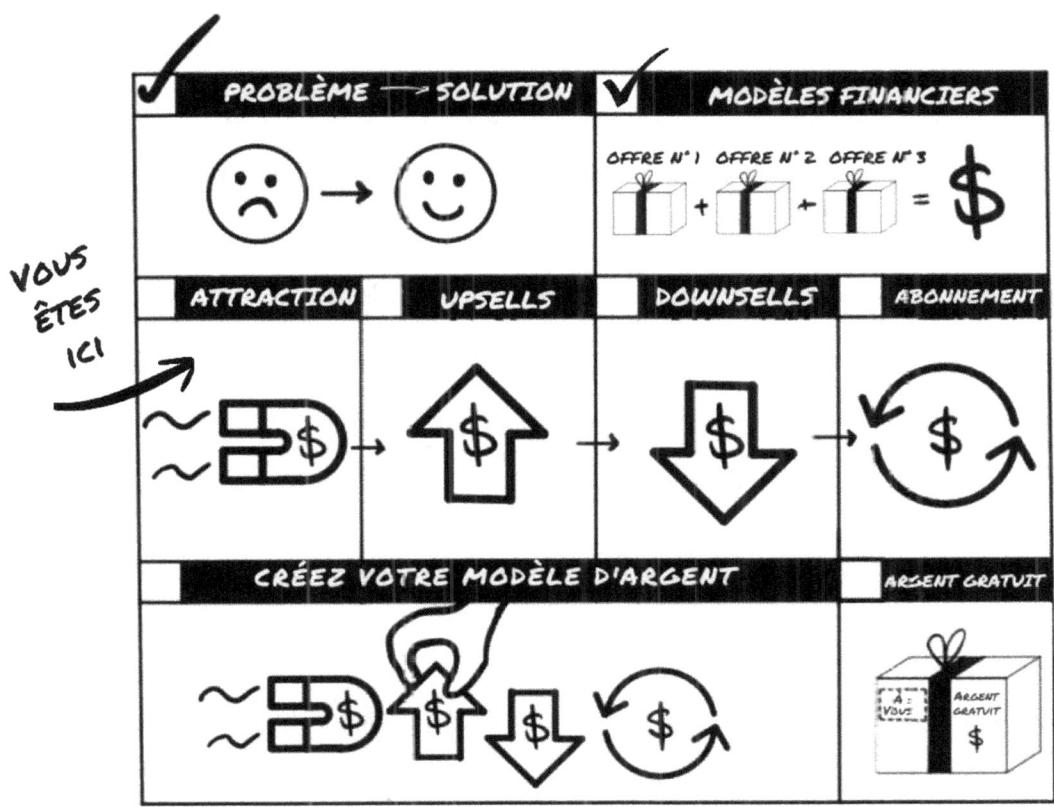

Les offres promotionnelles génèrent des prospects *et* les convertissent en clients. Elles transforment la publicité en argent en proposant quelque chose de gratuit ou à prix réduit. Nous procédons ainsi parce que tout le monde apprécie les bonnes affaires. Dans le cadre d'une bonne affaire, les clients obtiennent une valeur *bien* supérieure au prix qu'ils paient. Les inconnus ne peuvent que vous croire sur parole quant à la valeur. Cependant, ils comprennent parfaitement le prix. C'est pourquoi les remises rendent *n'importe quel produit ou service* très attractif pour presque *tout le monde*. Et plus la remise est importante, plus l'offre est intéressante. La plus grande remise étant *la gratuité*.

Tout d'abord, chaque fois que je mentionne « gratuit », vous pouvez également utiliser « réduction » ou « 1 $ ». Chaque fois que j'utilise « réduction », vous pouvez également utiliser « gratuit » ou « 1 $ », et ainsi de suite. Ces termes s'inscrivent dans un continuum, car ils désignent tous une remise sur un produit à un certain niveau, même si cette remise est de 100 % !

CONTINUUM DE GRATUIT VS. RÉDUCTION

```
100 %              50 %              0 %
DE RÉDUCTION   DE RÉDUCTION    DE RÉDUCTION
GRATUIT ←─────────────●─────────────→ PRIX COMPLET

DEMANDE                                DEMANDE
LA PLUS  ←──────────────────────────→  LA PLUS
ÉLEVÉE                                 FAIBLE
```

Si vous pouvez imaginer une manière d'utiliser une réduction ou une offre gratuite, alors vous pouvez le faire. Ensuite, je vous laisserai utiliser votre intelligence pour les échanger comme bon vous semble.

Comment gagner de l'argent en proposant des offres gratuites ?

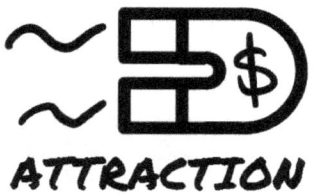

ATTRACTION

Considérez les choses ainsi : les clients recherchent *souvent* un produit et finissent par en acheter un autre par hasard. Les offres promotionnelles les incitent à le faire *intentionnellement*. Cependant, qu'y a-t-il de plus avantageux que des articles gratuits ? *Davantage d'articles gratuits de meilleure qualité.* Un article gratuit est remarquable. Deux articles gratuits sont encore plus remarquables. Et, pour obtenir ces deux articles gratuits, *il est possible qu'ils doivent en acheter un*. C'est ainsi que nous générons des revenus grâce aux articles gratuits.

Dans cette section, je présente mes cinq méthodes préférées pour générer des revenus en proposant des services gratuits :

1) Récupérez votre argent

2) Concours

3) Offre leurre

4) Achetez X et obtenez Y gratuitement

5) Payez moins maintenant ou payez plus plus tard

Allons gagner de l'argent.

> **CADEAU GRATUIT : tutoriel bonus sur les offres d'attraction**
>
> J'ai réalisé une vidéo gratuite pour vous expliquer comment fonctionnent les offres d'attraction. Si vous souhaitez la visionner, rendez-vous sur acquisition.com/training/money. Aucune inscription n'est requise. Bonne visualisation. Vous pouvez également scanner le code QR si vous préférez ne pas taper l'adresse.

Récupérez votre argent

*Si vous effectuez x dans le délai y et en respectant les règles z,
vous pouvez l'obtenir gratuitement.*

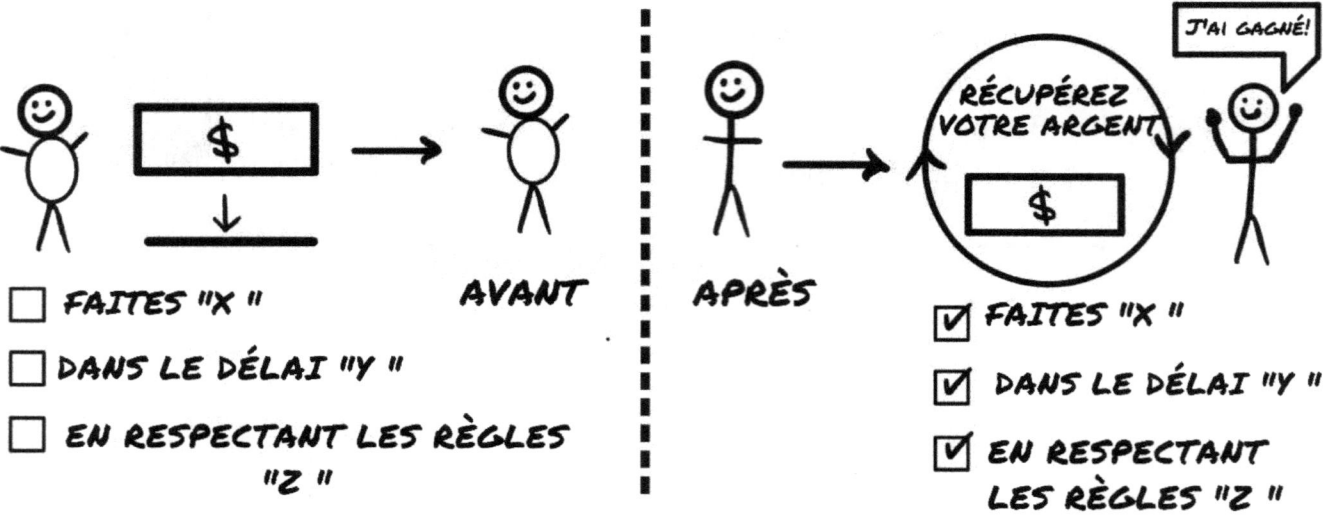

Juin 2013.

Je me trouvais dans une salle remplie de propriétaires de salles de sport expérimentés, et j'étais le nouveau venu. Nous avons tous pris la parole à tour de rôle pour discuter de ce qui fonctionnait bien. C'est alors que Danny a pris la parole.

« Oui... comme vous le savez, j'ai rencontré des difficultés avec les ventes... et je pense avoir trouvé la solution. J'avais affaire à un client exigeant qui refusait d'acheter *quoi que ce soit*. Il savait qu'il en avait besoin, mais il disait aussi qu'il avait besoin de plus de rigueur. Nous avons donc discuté longuement, et finalement, il a proposé une solution. Il a dit: " *Que diriez-vous de ceci : je vous donne 500 dollars. Vous me formez pendant huit semaines. Et si j'atteins mon objectif, je récupère mon argent. En échange, vous pouvez utiliser mes résultats pour promouvoir votre entreprise. Ça vous va ?* " »

« Alors... que s'est-il passé ? » ai-je demandé.

Danny a répondu : « J'ai compris qu'il n'allait pas acheter de toute façon, alors je lui ai vendu. »

« D'accord, et qu'est-ce qui s'est passé avec cet individu ? »

« Il a atteint son but. »

« Lui avez-vous donc rendu son argent ? »

« C'est ce que l'on pourrait penser, mais il a finalement utilisé l'argent pour acheter plus de formations ! »

« Cela semble raisonnable. Et qu'en est-il de la promotion de ses résultats ? »

« Mon ami, la promotion de ses photos avant/après a généré *treize* recommandations ! »

« C'est incroyable. Voilà qui est intéressant. »

« Oui, je sais. Je propose cela à tout le monde maintenant. Les résultats sont bien meilleurs et les gens apprécient cette offre. De plus, toute la publicité gratuite qu'ils font pour nous incite leurs amis et leur famille à nous rejoindre également. Je gagne plus d'argent que jamais. »

***

C'est la première fois que je rencontrais une offre de ce type. Je l'ai mise à jour au fil du temps, mais le principe de base est resté le même : *payer maintenant avec la possibilité d'être remboursé plus tard*. Je l'ai utilisée pour des entraînements privés, des entraînements en groupe, du coaching nutritionnel privé et en groupe. Une fois que j'ai constaté son efficacité auprès de mes clients actuels, j'ai commencé à inclure cette offre dans mes publicités destinées à de nouveaux clients. Mes coûts d'acquisition de clients ont *considérablement* diminué et mes prospects ont augmenté de manière significative.

Explication

Une offre « Remboursement garanti » fonctionne de la manière suivante. *Vous* fixez un objectif au client *et* lui indiquez comment l'atteindre. S'il y parvient, il peut alors prétendre à un remboursement *ou* à un avoir en magasin.

Cette offre a permis à mes salles de sport de se développer plus efficacement. Il s'agit également de la première offre Grand Chelem que Gym Launch a enseignée aux propriétaires de salles de sport. Elle offre une grande flexibilité. Si vous souhaitez générer plus de revenus, attirer plus de clients et leur offrir de meilleurs résultats, cette offre est sans égal.

Pour « récupérer son argent », la personne dispose de trois options : obtenir des résultats, réaliser des actions, ou les deux. Pour que cela fonctionne, il est nécessaire d'obtenir des <u>résultats</u> et réaliser <u>des actions qui sont</u> *faciles* à suivre.

Résultats : ici, peu importe ce qu'ils font, si le client obtient le résultat escompté, il récupère son argent. Par exemple : gagner X dollars par mois, obtenir Y clients, perdre Z kilos, etc. *En substance, ils parient sur leur propre capacité à atteindre l'objectif.*

Actions : ici, vous les tenez responsables de leurs actions plutôt que des résultats *obtenus*. Quels que soient les résultats obtenus, si le client fait ce que vous lui demandez, il récupère son argent. Par exemple : assister à toutes les séances, réunions, noter les progrès, prendre des photos, faire les tâches assignées, etc. *Ici, ils misent sur leur capacité à suivre les instructions.*

Actions *et* résultats : ici, vous demandez aux clients de réaliser les actions et d'obtenir des résultats. S'ils parviennent à faire les deux, ils récupèrent leur argent. Souvent, les personnes qui souhaitent atteindre un objectif n'ont pas les compétences nécessaires pour y parvenir. Même si elles pariaient sur elles-mêmes, elles échoueraient. En leur fixant un objectif réaliste *et* en leur montrant comment l'atteindre, vous leur donnez une chance de réussir. *Ici, elles parient sur leur capacité à suivre les instructions et sur le fait que vos instructions leur permettront d'obtenir le résultat escompté.*

Conclusion : les clients versent une somme d'argent. S'ils accomplissent la tâche OU obtiennent le résultat escompté OU les deux, *ils sont remboursés en espèces ou sous forme d'avoir en magasin.*

Exemples

Offre entreprise à consommateur : plan gratuit de 28 jours

Déposez X dollars et récupérez la totalité de votre argent si vous :

- ☐ Assistez à tous vos appels de consultation.
- ☐ Publiez vos progrès dans le groupe une fois par semaine.
- ☐ Tenez un journal quotidien dans notre application.
- ☐ Participez à votre séance de rétroaction et à votre séance de transformation.

(Astuce : les appels et les réunions deviennent des occasions de faire davantage d'offres.)

Offre interentreprises : défi gratuit « 5 clients en 5 jours »

Déposez X dollars et récupérez la totalité de votre mise si vous :

- ☐ Envoyez 100 messages par jour.
- ☐ Communiquez les statistiques relatives aux messages envoyés.
- ☐ Participez à la formation quotidienne.
- ☐ Postez vos tâches terminées dans le groupe.
- ☐ Participez à l'appel de consultation du cinquième jour.

   (Astuce : vous proposez ici des produits et services supplémentaires, améliorés ou nouveaux.)

Offre de produit physique : parcourez 1 000 000 de kilomètres avec votre véhicule et recevez un véhicule gratuit.

Recevez une voiture gratuite si vous :

- ☐ Achetez une nouvelle voiture chez nous.
- ☐ Parcourez 1 000 000 de miles avec cette voiture.
- ☐ Vous la restituez.
- ☐ Prenez des photos et participez à un communiqué de presse.
- ☐ Nous créditerons la totalité du prix d'achat initial sur votre prochaine voiture.

   (Il s'agissait d'une offre réelle.)

Points importants

Cette offre a généré plus d'un milliard de dollars de ventes dans l'ensemble du secteur. Elle est efficace. Elle m'a permis de gagner beaucoup d'argent. Vous pouvez en faire autant.

Le programme « Récupérez votre argent » s'adresse aux nouveaux clients, aux clients actuels *et* aux anciens clients. Je l'utilise volontiers avec les nouveaux clients, car il offre la remise la plus importante possible, à savoir 100 %. Je l'apprécie avec les clients actuels, car elle intègre les nouveaux clients. Et je l'utilise pour récupérer les anciens clients, car des incitations plus importantes les encouragent à revenir.

Cela fonctionne efficacement avec les projets que les gens entreprennent et abandonnent. Par exemple, créer une entreprise, acquérir de nouvelles compétences, perdre du poids, se mettre au sport, suivre un programme de beauté, prendre soin de soi, gérer son temps, prendre soin de sa santé mentale, etc. Cela permet de rester motivé pendant les premières étapes difficiles de l'apprentissage. À ce jour, je n'ai jamais observé de meilleure méthode pour mettre en place un programme efficace, véritablement avantageux pour tous.

Ne vous inquiétez pas. Cette offre est rentable. Si vous remboursiez la totalité de l'argent, cette offre ne serait pas rentable, *mais elle l'est*. Premièrement, beaucoup ne seront pas éligibles, même avec des conditions réalistes. Deuxièmement, ceux qui sont éligibles restent souvent clients. Cependant, ils ne peuvent rester clients *que s'ils ont autre chose à acheter*. Préparez donc une offre supplémentaire pour utiliser leurs gains (chapitre III).

Ne proposez l'offre « Récupérez votre argent » que si vous êtes disposé à rembourser les clients. Les remboursements font partie intégrante de l'activité commerciale. Cependant, lorsqu'elle est bien présentée, l'offre « Récupérez votre argent » attire de nombreux clients supplémentaires. Et lorsque vous proposez une offre de suivi intéressante à des clients satisfaits, *vous réalisez des bénéfices importants*. Cela compense largement les remboursements. D'après les données que nous avons recueillies auprès de milliers de salles de sport, environ 10 % des clients demandent à être remboursés. Si cela vous dérange, il est préférable de ne pas proposer cette offre.

Proposez un avoir en magasin plutôt que de l'argent comptant. Si vous préférez ne pas offrir de remboursement en espèces, vous pouvez proposer un avoir en magasin à la place. Mes tests ont démontré que proposer un avoir en magasin ou un remboursement en espèces attirerait le même nombre de clients. Vous pouvez donc tout aussi bien proposer un avoir en magasin. Toutefois, si vous souhaitez toujours le présenter comme « gratuit », associez-le à une <u>garantie de satisfaction inconditionnelle</u>. L'ajout d'une garantie inconditionnelle n'a jamais eu d'incidence significative sur le nombre de personnes souhaitant être remboursées. Veuillez consulter un conseiller juridique dans votre région.

N'acceptez pas d'argent sale. Si quelqu'un ne souhaite pas que je reçoive son argent, je le désire moins que lui. En règle générale, si un client demande un remboursement, qu'il y ait droit ou non, *je le lui accorde*. Concentrez-vous simplement sur l'acquisition du prochain client.

Comment définir vos critères de remboursement. Ces critères sont déterminants pour cette offre. De bons critères présentent trois caractéristiques :

1) **Facile à suivre.** Veuillez former les personnes concernées sur ce qu'elles doivent faire exactement (sinon, elles risquent de commettre des erreurs). Des points supplémentaires peuvent être attribués si les personnes le font déjà. Exemple : les

téléphones enregistrent déjà le nombre de pas effectués. Les traitements de texte comptent déjà le nombre de mots. Les appareils photo datent automatiquement les photos.

2) Obtenir des résultats pour les clients. Définissez des critères susceptibles de leur permettre d'obtenir les résultats souhaités. Des critères réalistes suffisent. Si vous estimez que les critères semblent trop faciles, c'est probablement qu'ils sont proches de la réalité. Il faudra peut-être plusieurs essais pour y parvenir, mais c'est le cas pour tout ce qui en vaut la peine. Par exemple : assister à des réunions, faire de l'exercice, regarder des vidéos, etc. Quelles que soient les actions entreprises par les meilleurs clients pour obtenir les meilleurs résultats, encouragez tout le monde à les suivre (et ils obtiendront également d'excellents résultats).

3) Faites la promotion de l'entreprise. Intégrez la promotion de l'entreprise à vos critères. Par exemple : publier des messages sur leur participation, les taguer sur les réseaux sociaux, les recommander ou laisser des avis et des témoignages.

Comment appliquer le crédit magasin [IMPORTANT]. Lorsque les clients récupèrent leur argent, proposez-leur de l'utiliser sur une plus longue période ou pour un forfait groupé. Proposez-leur simplement de l'utiliser pour quelque chose qui coûte plus cher que leurs gains. D'après mon expérience, cela permet de fidéliser les clients et de vous faire gagner plus d'argent. Voici à quoi cela ressemble :

- Vous proposez un produit ou un service qui coûte 200 dollars par mois.

- Un client gagne 600 dollars de crédit. Évitez de lui offrir trois mois gratuits *dès le départ*.

- Veuillez plutôt répartir les 600 $ sur 12 mois→ (600 $/12 mois= 50 $/mois de réduction).

- Ils paient désormais : 200 $ par mois - 50 $ de réduction = 150 $ par mois.

- Pour être clair, ils peuvent utiliser leur avoir comme ils le souhaitent. Cependant, je vous recommande de présenter cette offre en premier lieu. S'ils demandent à l'utiliser immédiatement, vous pouvez partager mon expérience : les gens abandonnent s'ils ne paient pas *quelque chose*. Une remise sur le long terme les incite à rester engagés sur le long terme. Il est donc dans l'intérêt du client de rester impliqué.

- Vous trouverez des informations détaillées sur cette offre de vente upsell dans le chapitre « Vente upsell de renouvellement » (chapitre III).

Toutes les réunions et tous les appels offrent des opportunités de faire davantage d'offres. Intégrez les réunions de suivi à vos critères de remboursement chaque fois que cela est possible. Et rendez toutes les réunions obligatoires pour obtenir le remboursement. En plus de les aider à réussir, elles constituent les meilleures occasions de faire des offres de vente upsells. Ainsi, après avoir fait le point, proposez-leur ce qui leur convient le mieux en fonction de leurs commentaires. L'offre « Récupérer votre argent » et mes salles de sport proposaient trois rendez-vous :

- Orientation nutritionnelle→ « Photos avant »→ Je fais une offre de compléments alimentaires.

- Suivi des progrès→ Je propose une offre d'abonnement.

- Commentaires sur la transformation→ « Photos après »→ Je renouvelle l'offre d'abonnement.
    o Si les participants ont souscrit à l'abonnement lors de la dernière réunion, je leur ai proposé une réduction s'ils payaient à l'avance pour une année.

Faites en sorte que tout le monde soit gagnant. Présentez et vendez le programme comme s'ils ne pouvaient en bénéficier que s'ils remplissaient les critères requis. Cependant, à mi-parcours, formulez votre prochaine offre *comme s'ils avaient déjà gagné*. Vous réduisez ainsi l'appréhension du client à l'échec *et* vous le fidélisez plus longtemps. Il vous en sera d'autant plus reconnaissant. Par exemple :

Je comprends que vous cherchiez à atteindre cet objectif à court terme, mais quel est votre objectif à long terme ?... Très bien, c'est une excellente nouvelle. Vous comprenez qu'il ne s'agit pas seulement de ce programme, mais aussi de vos résultats à long terme. Je vais vous dire, pour vous montrer à quel point je souhaite que vous atteigniez cet objectif à long terme, je vous créditerai l'avoir de ce programme sur le prochain, que vous atteigniez ou non l'objectif à court terme. Qu'en pensez-vous ?

À la fin du programme, laissez les « **perdants** » **gagner.** Si quelqu'un refuse votre première offre supplémentaire *et* échoue au défi, vous pouvez *toujours* lui proposer une autre offre supplémentaire. Voici comment : agissez comme s'il avait gagné. Je dis quelque chose comme :

Ne vous inquiétez pas. Vous avez commencé. C'est déjà une grande victoire. Et même si vous n'avez pas atteint votre objectif à court terme, vous avez atteint le nôtre, qui était de terminer ce que vous aviez commencé. Pour vous montrer que nous sommes là pour le long terme, nous créditerons la totalité de votre acompte pour que vous restiez avec nous à long terme. Ainsi, vous récupérerez votre argent et nous pourrons toujours atteindre votre objectif. Qu'en pensez-vous ?

Vous allez redonner le sourire à vos clients et ils vous en seront reconnaissants. N'oubliez pas : nous ne cherchons pas des clients pour vendre, nous vendons pour avoir des clients.

L'offre « Récupérer votre argent » présente une structure simple et offre une grande flexibilité. En substance, vous proposez un produit ou un service et un moyen pour les clients de récupérer leur argent s'ils l'utilisent réellement. Ensuite, s'ils l'utilisent de la manière que vous suggérez, ils obtiendront des résultats satisfaisants et resteront ouverts à d'autres offres et/ou à des engagements à plus long terme.

Points à retenir

L'offre « Récupérez votre argent » est particulièrement avantageuse pour les entreprises qui exigent de leurs clients des efforts continus pour obtenir le résultat souhaité.

- L'offre « Récupérez votre argent » est remarquable pour les raisons suivantes :
    - o   Vous obtenez une importante somme d'argent dès le départ.
    - o   Vous obtenez davantage de clients qui acceptent, car vous réduisez leurs risques.
    - o   Vous obtenez des résultats exceptionnels pour vos clients.
    - o   Vous fidélisez davantage de clients à long terme.
    - o   Ils font la promotion de votre offre afin de vous apporter encore plus de clients.

- Intégrer certaines réunions dans les conditions générales offre d'excellentes occasions de prendre des nouvelles de vos clients et de leur proposer des offres plus adaptées à leurs besoins.

- Tout le monde pense que les entreprises tirent profit des personnes qui échouent dans le programme. Non. Les véritables bénéfices proviennent des personnes qui réussissent *et auxquelles vous pouvez proposer d'autres services*. Croyez-moi sur ce point. Plus vous obtenez de résultats, plus vous gagnerez d'argent. Pensez à long terme.

- Rendez les critères de remboursement faciles à suivre, alignés sur les objectifs des clients et utiles pour l'entreprise.

- N'utilisez l'offre « Récupérez votre argent » que si votre taux de remboursement est inférieur à 5 %. Dans le cas contraire, veuillez améliorer votre produit avant de procéder. Vous risqueriez d'accorder trop de remboursements.

- Utilisez le crédit du magasin pour une autre offre, de préférence plus coûteuse. Vous souhaitez que vos clients restent fidèles, alors offrez-leur cette opportunité. Vous ne souhaitez pas que les gens cessent de vous payer.

- Pour augmenter vos ventes et fidéliser davantage de clients, faites en sorte que tout le monde soit gagnant en privé. Ainsi, tout le monde restera surpris et reconnaissant lorsque vous ferez votre offre de upsell.

CADEAU GRATUIT : Formation vidéo sur les offres « récupérer votre argent »

J'ai généré des revenus considérables grâce à cette offre et je dispose de plus de détails et d'anecdotes que je n'ai pas pu raisonnablement inclure dans le livre. Si cela vous intéresse, j'ai créé une vidéo gratuite pour vous, sans inscription requise. Pour la visionner, rendez-vous simplement sur acquisition.com/training/money. Vous pouvez également scanner le code QR si vous préférez éviter de taper l'adresse.

Concours

Beaucoup participeront... beaucoup gagnerons

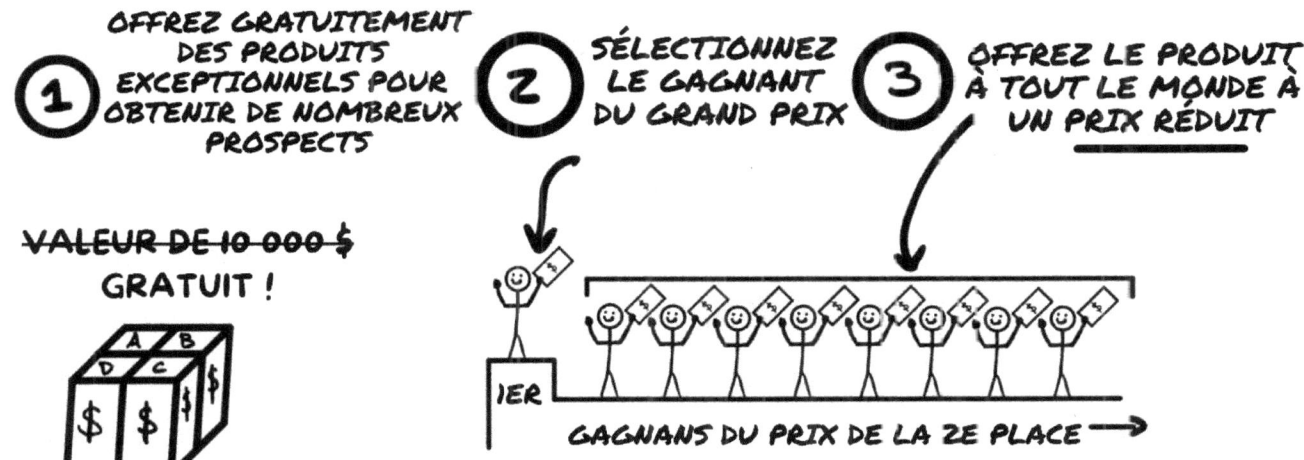

Avertissement : les concours et les tirages au sort sont soumis à une réglementation stricte. La raison principale : ils sont extrêmement puissants. Et, lorsqu'ils sont mal organisés, ils peuvent devenir des loteries illégales, ce que nous souhaitons éviter. Une peine de prison, ce n'est pas souhaitable. Veuillez vous assurer de respecter toutes les lois locales en matière de publicité. Cette explication ne constitue en aucun cas une garantie de légalité. Je ne suis pas responsable de ce que vous faites ou ne faites pas après avoir lu ce chapitre. Bon, maintenant que c'est dit, nous pouvons continuer.

Août 2020.

J'ai contacté par téléphone le propriétaire d'une entreprise de certification en fitness pour discuter affaires. En quelques minutes, il m'a expliqué comment ils certifient les passionnés de fitness et les aident à trouver des clients.

« Votre entreprise est intéressante, lui ai-je dit. Comment obtenez-vous des prospects ? »

« C'est assez simple. Nous proposons une bourse d'études complète pour l'ensemble de notre programme. Les personnes intéressées postulent en fournissant leurs coordonnées, puis répondent à quelques questions. Nous leur demandons par exemple : "Pourquoi devrions-nous vous choisir pour la bourse d'études ?" La meilleure réponse remporte la bourse. Cependant, nous faisons également autre chose... »

« Très bien, continuez... », ai-je dit.

« Nous offrons des bourses partielles. »

« Que voulez-vous dire ? Comment ça marche ? »

« Eh bien, nous avons souvent un lauréat évident pour la bourse complète. Cependant, de nombreuses personnes ont des parcours inspirants, et je souhaite m'assurer qu'elles obtiennent également des bourses. Je ne peux actuellement attribuer qu'une seule bourse complète, mais *je peux attribuer autant de bourses partielles que je le souhaite.* »

Et là, j'ai compris.

« Ohhh... Donc, de nombreuses personnes postulent pour le "grand prix" et une seule personne l'obtient. Mais les autres candidats peuvent prétendre à des prix secondaires ? »

« Exactement. Je fais donc une grosse annonce de la personne qui remporte la bourse d'études complète, mais j'appelle ensuite tous les autres pour leur annoncer qu'ils ont obtenu une bourse partielle. Quand je leur en parle, ils sont ravis. La plupart d'entre eux s'inscrivent immédiatement à notre programme. »

« Ils ne connaissent donc pas le prix réel de votre produit lorsqu'ils répondent à l'offre ? »

« Non. »

« Cependant, ils sont conscients de la *valeur* d'une bourse d'études complète, et lorsque vous leur présentez le prix réduit de votre programme avec la bourse partielle, cela représente tout de même une économie considérable. »

« Exactement. »

« Ainsi, non seulement vous obtenez de nombreux prospects intéressés, mais vous gagnez également plus de clients grâce à votre "réduction surprise" ? C'est remarquable. »

« Cela fonctionne *très bien*. Nous devons même limiter le nombre d'inscriptions pour être en mesure de répondre aux besoins de tous les nouveaux adhérents. Étonnamment, nous enseignons la même méthode aux coachs que nous certifions. Elle est tout aussi efficace pour attirer des clients intéressés par le fitness, voire parfois plus. »

« J'adore. »

***

Il a présenté cela comme une offre éducative et une offre de remise en forme. Cependant, cela va bien au-delà. Je vais vous démontrer comment l'utiliser dans *n'importe quelle* entreprise. Les concours génèrent de nombreux prospects qui manifestent de l'intérêt pour *votre produit le plus cher*. Quoi de mieux ?

Explication

Les offres promotionnelles annoncent la possibilité de gagner un grand prix en échange de vos coordonnées et de toute autre information que vous souhaitez fournir. Ensuite, après avoir sélectionné un gagnant, vous proposez à tous les autres participants le grand prix à un prix réduit. Les offres promotionnelles sont également appelées « bourses », « loteries » ou « tombolas », etc. Elles signifient toutes « participez pour avoir une chance de gagner ». Pour organiser une offre promotionnelle, vous devez :

- Choisir un grand prix.
- Choisir votre offre promotionnelle.
- Demander les coordonnées et les autres critères d'admissibilité.
- Déterminer les actions que les participants doivent accomplir pour être admissibles au grand prix.
- Fixer une date limite pour le concours afin de créer un sentiment d'urgence.
- Annoncer le gagnant du grand prix et contacter tous les autres participants.

Examinons chaque point plus en détail.

Choisir un grand prix. Faites en sorte que votre grand prix *soit un produit que vous souhaitez que tout le monde achète*. Veillez à attribuer une valeur monétaire à votre grand prix afin qu'il serve de référence en matière de prix. Par exemple, si vous vendez un produit d'une valeur de 5 000 $ pour 2 000 $, mettez en avant sa valeur de 5 000 $.

Choisir votre offre promotionnelle. Votre offre promotionnelle remplace la « bourse partielle » dans l'histoire. Vous la créez en améliorant votre offre de base avec une remise, un bonus ou en la modifiant légèrement par rapport au grand prix afin de justifier de manière éthique une réduction du prix (en utilisant le grand prix comme référence de prix). Plus la remise est importante, plus l'offre est attrayante. Ainsi, plus la valeur que vous attribuez à votre grand prix est élevée, mieux c'est.

N'oubliez pas que les prospects ont participé au concours parce qu'ils ont trouvé le grand prix intéressant. Vous obtenez ainsi des prospects qualifiés, car vous leur offrez à prix réduit un produit ou *un service qui les intéresse* déjà. Nommez votre offre promotionnelle, c'est-à-dire ce que vous vendez à tout le monde, comme vous le souhaitez pour votre concours : bourse d'études, carte-cadeau, réduction, avoir en magasin, bons d'achat, etc.

Demander leurs coordonnées. En échange d'une chance de gagner, demandez-leur la permission de les contacter par le moyen de votre choix pour leur faire part de promotions ultérieures. De plus, je vérifie *leur éligibilité* au prix, puis je leur demande de faire *les actions* nécessaires pour y prétendre.

Admissibilité. Je demande s'ils sont faits pour mes produits. Par exemple, « *Possédez-vous une clinique vétérinaire ?* » ou des questions plus axées sur le caractère/les besoins, telles que « *Pourquoi devriez-vous être sélectionné ?* »

Actions requises pour être admissible. Autres actions que les participants doivent effectuer pour être admissibles au tirage au sort. J'utilise également ces actions pour les inciter à promouvoir davantage mon concours ou à manifester un intérêt plus marqué. Par exemple : participer à un appel ou à un événement, publier un message, rejoindre un groupe, etc.

Fixer une date limite pour votre concours afin de créer un sentiment d'urgence. Déterminez une date pour le tirage au sort du grand prix. Renforcez **l'urgence** de votre concours en le limitant à une durée déterminée. Je recommande une durée de trois à sept jours à compter du début de la promotion. Dès que les prospects s'inscrivent au concours, informez-les quotidiennement. Tout d'abord, indiquez-leur combien de temps il leur reste avant l'annonce du gagnant. Vous pouvez le faire par e-mail, par messages directs, par SMS, par des publications sur les réseaux sociaux, etc. Faites-le autant que possible. Une fois par jour sur toutes les plateformes, c'est suffisant. Ensuite, apportez de la valeur ajoutée à votre compte à rebours. Montrez à tout le monde les avantages du grand prix, à quel point ils devraient être enthousiastes, et *renvoyez tout le monde vers les preuves sociales*. Entretenez l'engouement !

Conseil de pro : murmurer, susciter, crier

Une fois que les personnes ont participé au concours gratuit, il peut être utile de considérer le compte à rebours comme le lancement d'un mini-produit. Veuillez donc consulter le chapitre Affiliés et partenaires de *$100M Leads* pour obtenir des informations détaillées sur les lancements.

Annoncer le gagnant du grand prix et commencer à contacter tous les autres participants. Annoncez publiquement le gagnant du grand prix, puis envoyez un message privé à tous les autres participants éligibles à votre offre principale. L'avantage est que *tous les autres participants sont éligibles à votre offre promotionnelle*. Informez-les par SMS, e-mail et messages directs. Dans ce message, invitez-les à planifier un appel téléphonique, car ils sont éligibles à une autre offre. Si vous avez besoin d'une raison, dites simplement que vous avez trouvé leurs réponses/leur histoire si convaincantes que vous vous êtes senti obligé de leur offrir quelque chose simplement pour leur participation. Considérez votre offre promotionnelle comme un « trophée de participation ».

Pour vous assurer qu'ils utilisent leur offre, ajoutez une autre date limite. Fixez un délai de sept jours pour votre offre promotionnelle (bourse d'études, carte-cadeau, réduction, avoir en magasin, bons d'achat, etc.). Le deuxième délai fonctionne comme le premier : présentez les avantages, davantage de preuves sociales et d'autres éléments intéressants concernant votre offre. Donnez-leur la possibilité de prendre rendez-vous par téléphone pour bénéficier de l'offre promotionnelle.

Expliquez le rapport coût-valeur *en utilisant leur remise*. Ma règle générale : faites en sorte que votre remise de base soit égale à 10 % à 30 % de vos marges brutes. Supposons que nous annonçons un grand prix d'une valeur de 5 000 $ avec un prix de vente de 2 000 $. Tout le monde peut l'obtenir pour 1 800 $ (une remise de 10 % sur le prix de vente). Lorsque nous leur faisons savoir qu'ils sont éligibles à quelque chose, nous leur expliquons qu'ils obtiennent un article d'une valeur de 5 000 $ pour un prix de 1 800 $. En comparant la valeur de l'article au prix payé, une remise de 10 % représente une différence de 64 % entre le coût et la valeur.

Conclusion : n'oubliez pas que toutes les personnes qui ont participé au concours ont manifesté leur intérêt pour votre produit. Et si quelqu'un manifeste de l'intérêt pour un produit que vous proposez, *offrez-le-lui*.

Exemples de concours gratuits

Offre dentaire — Concours gratuit « Sourire parfait »

Grand prix : un ensemble gratuit d'appareils dentaires invisibles — valeur au détail de 6 000 $.

Offre promotionnelle : carte-cadeau de 2 000 $ pour des appareils dentaires.

Offre de produits physiques : un an de nourriture bio pour chien gratuit

Grand prix : un an de nourriture bio pour chien gratuit, d'une valeur de 1 000 $

Offre promotionnelle : carte-cadeau d'une valeur de 300 $ pour de la nourriture pour chien, *utilisable uniquement avec un abonnement d'un an*

Offre de services : Concours exclusif gratuit

Grand prix : forfait gratuit d'un an d'une valeur de 5 000 $

Offre promotionnelle : bon d'achat de 2 000 $ valable pour un contrat de service d'un an

Offre de consulting — Programme de redressement gratuit de 16 semaines

Grand prix : programme de 16 semaines — d'une valeur de 12 000 $.

Offre promotionnelle : bourse partielle de 6 000 $.

Points importants :

Veuillez consulter un conseiller juridique pour savoir comment structurer votre concours. Je ne suis pas conseiller juridique, mais je considère que ces points sont évidents en raison de ma façon de travailler : quelqu'un doit effectivement remporter le grand prix. Précisez clairement dans le règlement le grand prix et les conditions pour le remporter. Indiquez clairement que plusieurs personnes peuvent remporter un prix. Veuillez consulter votre conseiller juridique pour le reste.

Critères d'éligibilité : incitez davantage de clients à acheter votre offre principale. Plus de personnes seront susceptibles d'accepter votre offre principale si vous pouvez leur présenter sa valeur de manière *personnalisée*. Je pose des questions telles que celles-ci pour obtenir des arguments : Pourquoi devrions-nous vous choisir ? Pourquoi ce programme ? Pourquoi maintenant ? En quoi cela vous concerne-t-il ? Pourquoi est-ce important pour vous ? Quel est votre objectif ? Etc.

Cela étant dit, plus vous compliquez les conditions de participation, moins il y aura de participants, mais plus ceux-ci seront qualifiés. *Il est donc important de trouver le juste équilibre.*

Si votre concours ne fonctionne pas, cela signifie que votre grand prix n'était pas suffisamment attractif.

L'une des entreprises de mon portefeuille a organisé un concours. Elle a suscité très peu d'intérêt. Le grand prix ? Des billets pour son événement. Pas très attrayant. Je leur ai expliqué que les *grands* prix ne fonctionnent que s'ils sont vraiment exceptionnels. Ils ont réessayé avec un lot d'équipements d'une valeur de 50 000 dollars provenant d'un fournisseur renommé du secteur, *ainsi que* leur produit phare pendant un an. Et cette fois-ci, le succès a été retentissant (surprise).

Lorsque vous avez un produit exceptionnel à offrir *et* que vous en faites la promotion de manière adéquate, les prospects affluent. Le terme « concours » est assez explicite. Par conséquent, si personne ne manifeste d'intérêt, je vous suggère d'offrir un produit plus attractif. Ou du moins, plus attractif *pour le public visé*.

Offrir deux prix pour doubler le nombre de prospects. Si vous offrez un seul prix, c'est très bien. Cependant, si vous offrez deux grands prix, vous pouvez obtenir deux fois plus de prospects (voire plus). Voici comment procéder. Indiquez simplement à tous les participants que si une personne qu'ils ont parrainée remporte le grand prix, ils en remporteront un également. De cette manière, ils obtiennent un nombre illimité de « participations » au concours en parrainant leurs amis. Cela incite davantage de personnes à parrainer (et à travailler ensemble). Cela présente également un avantage caché. Les parrains s'investissent dans la réussite de leurs filleuls. Cela permet de maintenir un niveau de qualité élevé. Voici un exemple que j'ai réalisé pour Skool.com, une plateforme dont je suis copropriétaire et qui permet aux utilisateurs de créer et de monétiser des communautés.

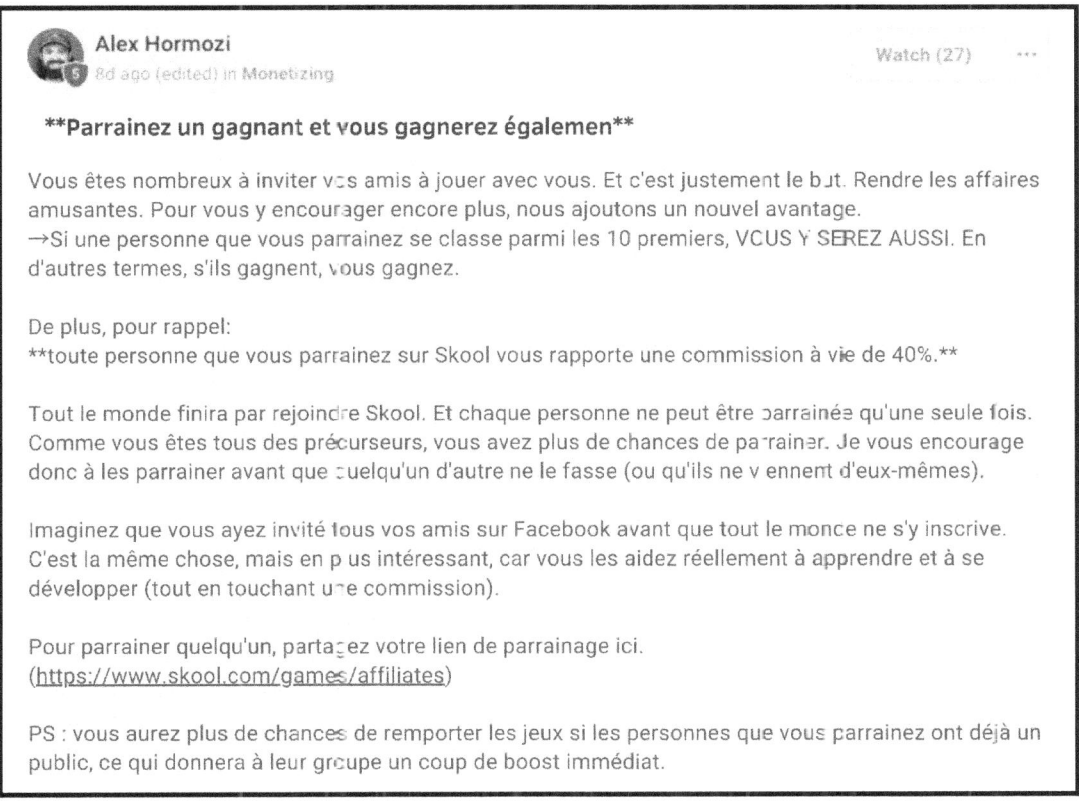

Rareté, rareté, rareté. Limitez votre concours en fonction du temps, du nombre de participations, ou des deux. Vous pouvez organiser des concours pour une durée spécifique (par exemple, sept jours), un nombre spécifique de participations (par exemple, 5 000 participations), ou les deux. Je préfère les deux. Je fais correspondre le nombre de personnes que j'autorise à participer au concours avec le nombre de personnes avec lesquelles j'ai le temps et les ressources nécessaires pour entrer en contact en sept jours. Au-delà, ce serait trop.

Urgence, urgence, urgence. J'insiste sur l'urgence à trois niveaux : pour participer, pour réclamer, pour utiliser. Indiquez clairement dans les publicités le délai dont ils disposent pour participer. Une fois que vous avez annoncé le ou les gagnants, informez-les du délai dont ils disposent pour réclamer leur prix. Lorsqu'ils le font, planifiez leur appel le jour même ou le lendemain (si possible). Une fois que vous avez informé les gens de ce qu'ils ont gagné, indiquez-leur le délai dont ils disposent pour l'utiliser. Je préfère les délais en heures, mais je suis déjà allé jusqu'à cinq jours. En résumé, *fixez toujours des délais.*

Proposez des offres alternatives (downsells). Certains clients ne voudront — pas ou ne pourront pas — acheter votre offre promotionnelle, même avec une remise ou un bonus. Cela n'est pas un problème. Voici comment je procède : au début de l'appel, informez-les qu'ils sont éligibles pour deux prix. Et que vous les aiderez à trouver la solution la plus adaptée à leur situation. Ensuite, présentez d'abord votre offre promotionnelle — c'est-à-dire la réduction sur le grand prix. S'ils l'acceptent, tant mieux. Sinon, proposez la même réduction en pourcentage sur tout autre produit que vous proposez et qui pourrait leur convenir.

Si vous avez une entreprise générant des revenus par abonnement, appliquez leur réduction sur la plus longue période qu'ils accepteront. Ensuite, configurez leur abonnement mensuel pour qu'il soit facturé automatiquement aux tarifs normaux après la fin de la période de remise.

Points à retenir

- À la base, les concours consistent à demander à un public de s'inscrire pour obtenir gratuitement l'un de vos produits ou services de grande valeur. Beaucoup s'inscriront, mais un seul gagnera. Les autres bénéficieront de réductions sur votre offre principale.

- Choisissez un grand prix qui suscitera l'intérêt du public.

- Si vous souhaitez que davantage de personnes recommandent votre produit, offrez deux prix. Informez-les que si une personne qu'ils parrainent gagne, ils remporteront aussi le prix.

- Offrez une chance de remporter le grand prix à toute personne qui s'inscrit *et* qui remplit les conditions requises.

- Vous pouvez obtenir des informations précieuses de chaque prospect, car vous pouvez les intégrer au processus d'inscription. Obtenez des informations qui indiquent en quoi votre offre leur apportera de la valeur. Cela devient important pour faire des offres ultérieurement.

- Faites la promotion de votre offre promotionnelle pendant sept jours, ou jusqu'à ce que le nombre de prospects dépasse le nombre de personnes que vous pouvez contacter en sept jours, selon la première éventualité.

- Prenez rendez-vous avec toutes les personnes concernées pour qu'elles puissent bénéficier de votre offre promotionnelle. Utilisez la « bonne raison » qui vous semble appropriée.

- En fixant une date limite pour réclamer leur prix, les personnes seront plus aptes à le faire.

- Si quelqu'un refuse votre offre principale, proposez-lui un autre produit ou service à prix réduit. Il pourrait mieux convenir au prospect.

CADEAU GRATUIT : Formation bonus sur les concours

Les concours constituent l'une des offres les plus attractives au monde. Elles sont si avantageuses qu'elles doivent être réglementées. Après tout, qui ne souhaite pas obtenir quelque chose sans contrepartie ? J'ai créé une formation vidéo gratuite qui traite ce sujet en profondeur. Si ce domaine vous intéresse autant que moi, vous pouvez la consulter à l'adresse acquisition.com/training/money. Comme toujours, vous pouvez également scanner le code QR si vous préférez éviter de taper l'adresse. Profitez-en.

Offre leurre

Lequel, selon vous, vous donnera les meilleurs résultats?

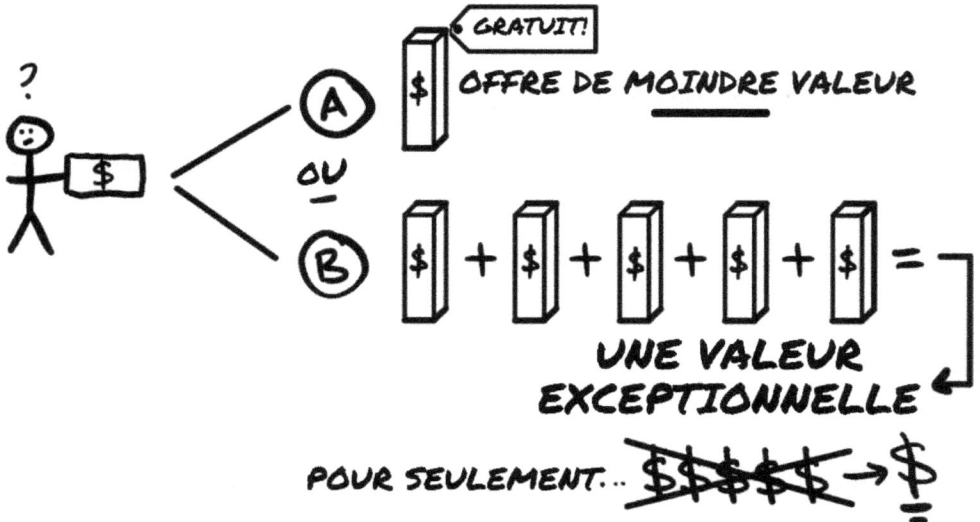

Juin 2014.

John, un autre de mes premiers mentors, a pris sa retraite anticipée. Il passe ses journées à élever ses filles, à jouer au golf et à se détendre dans sa maison au bord du lac. C'était un homme qui vivait pleinement.

De temps en temps, il m'invitait dans sa maison au bord du lac. Et pendant ces longs trajets en voiture, il m'enseignait des aspects de la vie et des affaires qui me sont encore utiles aujourd'hui. Par exemple, la différence entre le prix et la valeur. Les avantages et les inconvénients des offres à bas prix. Les modèles commerciaux à volume élevé et à bas prix. Les différences entre les abonnements et les transactions ponctuelles. Et l'art de *simplifier* les choses dans les affaires et dans la vie.

John était d'excellente compagnie. J'aurais souhaité que nous puissions voyager indéfiniment afin que je puisse m'imprégner de tout. Pour lui, ce n'était qu'une autre histoire pour passer le temps. Mais pour moi, c'était une leçon que je n'oublierai jamais :

Le pass VIP bronzage de 5 jours pour 5 dollars.

« Vous voyez, l'avantage du pass 5 jours, c'est que tout le monde pense pouvoir bronzer en cinq jours. Et c'est possible. Cependant, le bronzage n'est jamais aussi intense qu'ils le souhaiteraient. Et s'ils tentent d'"accélérer le processus", ils risquent d'attraper des coups de soleil. Ainsi, lorsque quelqu'un se présente avec un pass, nous lui demandons quel niveau de bronzage il souhaite obtenir. Dès qu'il exprime le désir d'être légèrement plus bronzé, nous lui racontons *l'histoire de la dinde* . »

« C'est quoi " *l'histoire de la dinde* " ? » demandai-je.

John sourit et poursuivit. « Imaginons qu'une dinde de Thanksgiving nécessite trois heures de cuisson. Nous savons tous ce qui se produit si l'on double la température pour la cuire en deux fois moins de temps : elle brûle ! Il faut au moins cinq à dix séances pour obtenir la couleur souhaitée *sans se brûler*. Et comme il faut attendre un certain temps entre chaque séance, cela prend toujours plus de cinq jours. Une fois qu'ils ont compris cela, nous leur expliquons » :

« *Nous allons simplement créditer votre pass VIP sur votre premier mois. Pourquoi acheter autant de pass journaliers à 25 $ alors que les membres bénéficient d'un accès illimité pour seulement 19,99 $?* »

« Ils comprennent immédiatement l'intérêt de l'offre et s'abonnent. C'est aussi simple que cela. »

Cinq ans plus tard...

« Bonjour chef, nous avons un problème. »

« *Ouh la la...* Que se passe-t-il ? » ai-je demandé.

« Nos prospects du fitness sont devenus beaucoup trop chers. Ceux qui savent vendre continuent à s'en sortir, mais la plupart d'entre eux atteignent à peine le seuil de rentabilité. »

« Bon sang, ça y est, c'est arrivé », ai-je dit, les mains sur le front. Je savais que cela allait arriver. Et à vrai dire, je redoutais ce moment.

J'ai essayé pendant des semaines de « remanier » notre offre précédente. Une nouvelle tournure intéressante nous aurait permis de gagner du temps, mais nos tentatives avaient jusqu'à présent échoué.

« Avez-vous d'autres offres à proposer ? », a-t-il demandé.

Je me suis creusé la tête, puis je me suis souvenu du pass VIP bronzage à 5 $. *Cela pourrait marcher.* « Pourquoi ne pas proposer quelque chose de très bon marché pour attirer les clients potentiels, mais une fois qu'ils sont là, leur faire une offre exceptionnelle qui coûte plus cher mais qui est 100 fois meilleure. Ils peuvent toujours choisir l'option bon marché, mais nous leur expliquerons simplement qu'ils obtiendront de bien meilleurs résultats avec un accompagnement supplémentaire, des conseils nutritionnels, etc. »

« Oui, je peux mettre en place quelque chose de ce genre. »

Quelques semaines plus tard...

« Alex, je pense que nous avons trouvé la solution. »

« Excellent ! Expliquez-moi comment. »

« Nous proposons donc deux options. La première option est gratuite. Je propose une séance par semaine. La deuxième option est une version "Premium" à 399 $. Elle comprend des séances illimitées, un coaching individuel, des services plus personnalisés et la garantie d'obtenir des résultats ou de pouvoir répéter le programme gratuitement... »

« Cette garantie est *très intéressante*. Quel est le taux d'acceptation ? »

« Environ huit personnes sur dix choisissent l'option à 399 $. Nous obtenons un succès incroyable. »

« Excellent, développons ça ! »

***

John était un commercial remarquable et un enseignant patient. Sa philosophie consistant à *offrir aux clients ce qu'ils souhaitent immédiatement afin de pouvoir leur fournir ce dont ils ont besoin plus tard* a influencé de nombreuses façons ma manière de travailler. Il a également inspiré l'offre qui a permis de sauver ma salle de sport. Cependant, la leçon la plus précieuse que j'ai apprise de lui est la suivante : « Vous devez mieux que les clients eux-mêmes savoir ce qui leur apporte des résultats. Cela fait de notre offre premium la solution évidente. » Et faire de notre offre premium la solution évidente, c'est précisément l'objectif des offres leurres.

Explication

Les offres leurres consistent à promouvoir un produit gratuit ou à prix réduit. Ensuite, lorsque les prospects demandent plus d'informations, vous leur présentez également une offre premium plus intéressante. L'offre premium comprend davantage de fonctionnalités, d'avantages, de bonus, de garanties, etc. En présentant côte à côte vos offres leurres et vos offres premium, les prospects peuvent constater à quel point votre offre premium est plus avantageuse. J'apprécie les offres leurres car elles permettent d'attirer davantage de clients. Les clients choisissent soit la version leurre, soit la version premium. S'ils optent pour la version premium, c'est excellent. S'ils choisissent la version leurre, c'est également excellent. Cela vous donne le temps de les faire passer à la version supérieure plutôt que de les perdre.

Dans tous les cas, vous pouvez conclure avec tout le monde. Cela permet d'acquérir de nouveaux clients à moindre coût et de manière rentable. Et *toutes* les entreprises peuvent y avoir recours.

Voici les étapes à suivre pour créer une offre leurre :

1) Faites la promotion d'une version moins chère, plus petite ou plus simple de votre offre premium comme leurre.

2) Lorsque les prospects manifestent leur intérêt, proposez les deux options, mais mettez l'accent sur l'offre premium.

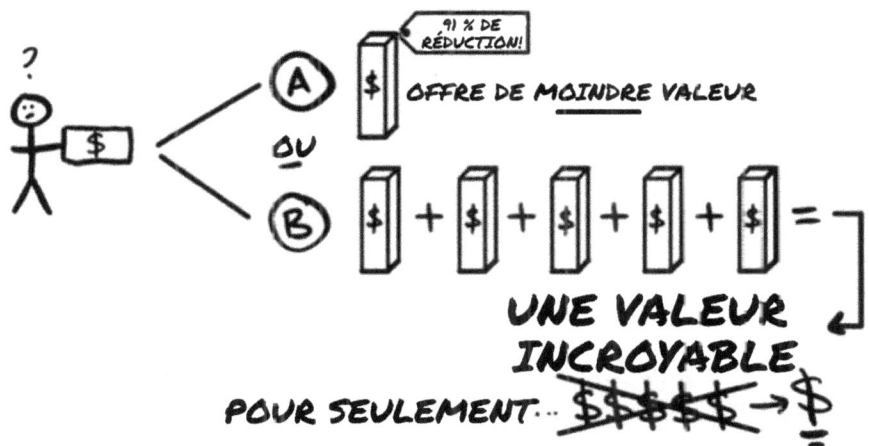

Exemples

Offre de « stand de limonade » (produits physiques)

Offre d'attraction : « Une semaine de limonade gratuite » **OU** « Une semaine de limonade pour 1 $ ».

Option leurre : « Vous pouvez avoir cette eau + du citron en poudre + du sirop de maïs » Ou…

Option Premium : « Des citrons italiens bio, entièrement naturels, végétaliens, sans gluten, importés, traités à froid et livrés directement à votre domicile. Vous n'aurez plus jamais besoin de perdre votre temps à vous rendre au magasin. Vous vous sentirez comme un chiot labrador poursuivant des papillons toute la journée. D'autres saveurs sont également disponibles, comme notre limonade pétillante à l'eau de rose. »

Centre de relaxation par flottaison (service)

Offre d'attraction : « 6 semaines de relaxation gratuite » **OU** « 6 semaines de relaxation pour 6 $ ».

Option leurre : une séance de flottaison par mois avec des exercices de relaxation à faire chez soi.

Option Premium : Deux séances par semaine pendant 6 semaines, consultation individuelle, journal, routine de sommeil. Satisfaction garantie.

Offre de salle de sport (entreprise locale)

Offre d'attraction : « Transformation gratuite en 21 jours » **OU** « Transformation en 21 jours pour 21 $ ».

Option leurre : séances d'entraînement dans un groupe Skool.com une fois par jour. Programme nutritionnel général. Possibilité de visionner les enregistrements. Aucun suivi. Aucune garantie.

Option Premium : entraînements illimités, programme nutritionnel personnalisé, suivi individuel, résultats garantis (ou 21 jours supplémentaires gratuits).

Points importants

Comment formuler votre offre leurre. Proposez moins de composants, des modèles plus anciens ou moins de versions personnalisées de votre offre haut de gamme. Supprimez également toute garantie. Votre offre d'attraction doit uniquement susciter l'intérêt des prospects. Rien de plus.

Mettez en avant les avantages, pas les caractéristiques. Nous souhaitons leur vendre le résultat rêvé. Nous vantons une *transformation* en 21 jours, pas des programmes d'entraînement et des plans alimentaires. Les prospects obtiennent des détails spécifiques sur les produits lors de la présentation commerciale, *pas* dans la publicité. Les jets privés et les bateaux à rames peuvent tous deux vous emmener sur une île exotique, mais l'option premium est certainement plus agréable.

Vous pouvez promouvoir des réductions de quatre manières différentes. Supposons que vous proposiez une offre annuelle au prix de 100 $ par mois. Si vous souhaitez que vos clients paient 900 $ pour l'année, vous pouvez indiquer :

1) Pourcentage de réduction : 25 % de réduction

2) Montant absolu : 300 $ de réduction

3) Partie gratuite : 3 mois gratuits

4) Forfait total : un an pour 900 $ (~~1 200 $~~)

Ces formules ont toutes la même signification. Il est recommandé de tester laquelle marche le mieux sur votre marché.

<u>Renforcez le contraste</u> : La valeur de l'option premium réside dans les différences significatives par rapport à l'option d'appel. Par conséquent, veuillez rendre l'option d'appel aussi basique que possible. Ensuite, rendez l'option premium aussi attrayante que possible. Plus le contraste est important, *plus l'offre est avantageuse* et plus les clients seront nombreux à l'accepter.

Les offres promotionnelles génèrent un taux de participation plus élevé que les offres gratuites. D'après mon expérience, si vous proposez une offre d'attraction gratuite, vous obtiendrez davantage de prospects. Si vous proposez une offre promotionnelle, vous obtiendrez moins de prospects, mais un pourcentage plus élevé se présentera. Par conséquent, si vous constatez de faibles taux de participation aux rendez-vous, essayez plutôt une offre promotionnelle. Cela est particulièrement important pour les entreprises où le coût de la non-participation est élevé (comme les médecins, les avocats, les dentistes, etc.).

Si possible, présentez d'abord l'offre premium. Dans un monde idéal, ils acceptent immédiatement l'offre premium. L'offre leurre reste en réserve. S'ils viennent spécifiquement demander l'option leurre dès le départ...

Obtenez leur permission pour leur vendre. S'ils demandent à en savoir plus sur votre offre leurre, vous êtes légalement tenu de la leur présenter, ou si vous préférez la présenter en premier, voici comment je procède :

Posez-leur une question simple : « Êtes-vous ici pour obtenir des avantages gratuits ou *des résultats durables ?* »

Dès qu'ils répondent « des résultats », ce qui est le cas de la plupart des personnes, passez directement à votre offre premium.

Si la réponse est « des produits gratuits », présentez l'offre leurre, puis comparez-la immédiatement à votre offre premium. Ce n'est qu'<u>après</u> avoir présenté <u>les deux offres</u> que *vous* leur demanderez « *laquelle vous permettra d'atteindre votre objectif plus rapidement ?* » ou *« laquelle préférez-vous : XXX avantage moins intéressant ou YYY avantage plus intéressant 1, 2, 3... ? »*. À ce stade, ils devront choisir l'offre premium. Vous pourrez alors poursuivre la vente en convenant ensemble que c'est la meilleure solution pour eux.

Lorsque vous présentez votre offre premium, *montrez-vous enthousiaste*. Présentez-la comme étant supérieure à l'offre leurre, car c'est le cas. Et, en supposant que ce soit le cas, expliquez en quoi elle convient mieux au client. Votre enthousiasme incitera les clients à choisir les options qui leur apporteront le plus de valeur.

Du point de vue commercial, il est conseillé de discuter avec le prospect comme si vous étiez déjà certain qu'il acceptera votre offre. De nombreux commerciaux appellent cela une « conclusion présumée ». Vous agissez en partant du principe *que c'est ainsi que tout le monde procède. Il s'agit simplement d'une formalité. Permettez-moi de prendre votre pièce d'identité et votre carte de crédit afin que vous puissiez bénéficier de votre avantage.* Pas de discours commercial. Juste une attitude amicale. Presque ennuyé par la régularité avec laquelle les gens achètent.

Avantage surprise (facultatif). Pour aller plus loin, si quelqu'un choisit l'option leurre, vous pouvez choisir de le surprendre avec quelques fonctionnalités à faible coût ou gratuites issues de votre offre premium. Il suffit de dire quelque chose comme « Bonjour, je vais vous offrir ceci, même si cela fait partie de notre offre premium, simplement parce que je souhaite que vous obteniez d'excellents résultats ». Cela renforce la bonne volonté, dépasse les attentes et augmente les chances qu'ils acceptent vos ventes upsells ultérieurement. N'oubliez pas qu'il s'agit toujours de prospects !

Points à retenir

- Les offres leurres proposent quelque chose de gratuit ou à prix réduit. Ensuite, lorsque les prospects demandent plus d'informations, vous leur présentez également une offre premium plus intéressante.

- Rendez l'option premium *beaucoup* plus intéressante que l'option leurre en y ajoutant davantage de fonctionnalités, d'avantages, de bonus et de garanties.

- Réduisez votre offre leurre autant que possible.

- Lorsque les prospects vous interrogent sur votre offre leurre, présentez-leur votre offre premium juste à côté.

- Demandez « Êtes-vous ici pour obtenir des avantages gratuits ou des résultats durables ? » afin d'obtenir l'autorisation de proposer l'offre premium en premier.

- Vous pouvez toujours générer des revenus à partir des prospects qui choisissent l'option leurre. Vous apprendrez la meilleure façon de proposer votre produit leurre *et* d'optimiser les upsells qui en découlent.

- Attendez-vous à générer rapidement des revenus. Si ce n'est pas le cas, augmentez la différence entre les offres.

CADEAU GRATUIT [aucune inscription requise] : formation sur les offres leurres

Les offres leurres sont parmi les offres d'attractions les plus flexibles. Il est simplement nécessaire de mieux comprendre les problèmes de vos clients qu'eux-mêmes. Elles sont également faciles à enseigner aux commerciaux. Je les ai utilisées dans plusieurs secteurs différents. Si vous souhaitez approfondir le sujet, j'ai réalisé une vidéo détaillée à votre intention. Vous pouvez la visionner sur acquisition.com/training/money. Comme toujours, vous pouvez également scanner le code QR si vous préférez éviter de taper l'adresse.

Achetez X, obtenez Y gratuitement

Achetez un chiot, recevez-en deux gratuitement !

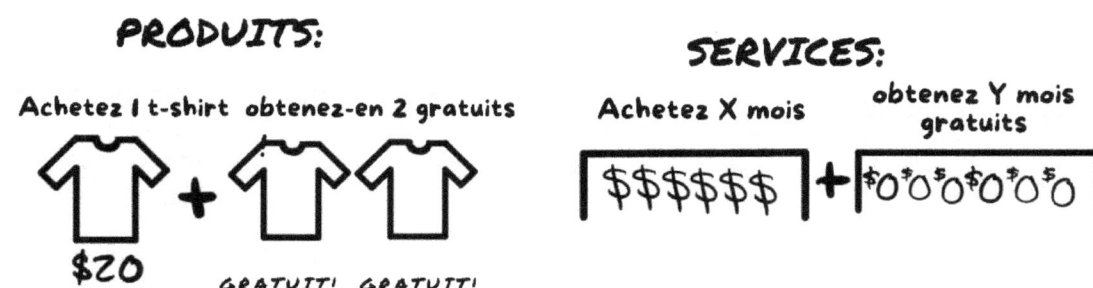

Centre-ville de Nashville 2020.

    Les bars et les boutiques de cette destination touristique populaire ouvraient et fermaient sans cesse, mais un magasin régnait en maître : *Boot Factory*. Son enseigne lumineuse se détachait dans le fouillis visuel de la rue comme un éclair dans la nuit. Une botte de cow-boy plus grande que ma voiture m'indiquait la porte d'entrée. Il n'y avait aucun doute sur ce qu'ils attendaient de moi. Alors, bien entendu, j'ai obéi. Et en m'approchant, j'ai pu distinguer leur offre :

ACHETEZ UNE PAIRE, OBTENEZ DEUX PAIRES GRATUITES

Une décennie s'était écoulée depuis ma dernière visite à Nashville. Cependant, je me souvenais du panneau et de l'offre « achetez une paire, obtenez deux paires gratuites » comme si c'était hier. Avec mes yeux d'enfants, je trouvais cette offre stupide. « Comment pouvaient-ils offrir autant de produits et rester en activité ? » Cependant, maintenant que j'ai une certaine expérience dans la création d'offres, je peux l'apprécier.

Je me suis dirigé directement vers le rayon homme et j'ai pris une paire de bottes. Curieusement, le prix avait été réduit deux fois, pour atteindre une « offre finale » de 600 dollars la paire. Cependant, ces bottes avaient un aspect ordinaire. Le jeune homme que j'étais aurait été sceptique. Mais l'homme d'affaires que je suis devenu a compris que j'avais manqué quelque chose. Le magasin était beaucoup plus grand que la dernière fois que je l'avais vu, donc l'offre avait clairement fonctionné. C'est alors que j'ai compris.

Ils ont facturé trois fois le prix d'une seule paire de bottes, car deux paires supplémentaires étaient incluses. Ainsi, plutôt que de dire « venez chez *Boot Factory* et achetez des bottes à un prix raisonnable », ils ont réussi à créer une offre gratuite. De fait, pendant les quelques minutes où j'ai visité le magasin, des groupes de femmes se sont présentés pour acheter des bottes assorties. Et comme *Boot Factory* était situé au milieu d'une rue remplie de bars sur le thème des cow-boys, cela fonctionnait souvent. C'était *remarquable*.

Explication

Dans les offres « Achetez X, obtenez Y gratuitement », lorsque les clients effectuent un achat, ils reçoivent d'autres articles gratuitement. Plus ils reçoivent d'articles gratuits et plus leur valeur est élevée, plus l'offre est efficace. Les offres gratuites attirent *beaucoup* plus l'attention que les offres promotionnelles. Cependant, si vous n'avez qu'un seul produit à vendre et que vous l'offrez gratuitement, *vous ne gagnez plus rien*. Dans ce type de situation, les entreprises ont tendance à privilégier les promotions. Elles organisent des « soldes » en s'appuyant sur des jours fériés, des changements de saison ou d'autres événements pour justifier une baisse *temporaire* des prix et attirer davantage de clients.

Cependant, en proposant plusieurs articles à la fois, vous pouvez transformer les offres promotionnelles en *offres gratuites* encore plus avantageuses. Lorsque vous disposez de plusieurs articles, vous pouvez augmenter la valeur de la réduction afin qu'elle couvre le prix d'autres articles. Par exemple, je pourrais vendre trois t-shirts à 10 $ chacun pour un total de 30 $, *ou* je pourrais vendre un t-shirt à 30 $ et en offrir deux gratuitement. <u>Le prix est le même, mais vous obtenez *beaucoup plus d'articles gratuits*</u>.

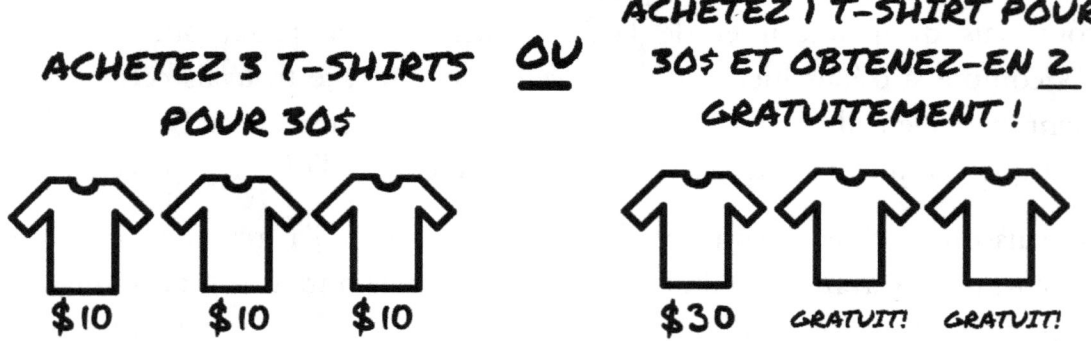

Et si je souhaitais proposer une réduction (plutôt que de *simplement* reformuler le prix), je pourrais procéder ainsi. Je pourrais vendre trois t-shirts à 6,67 $ chacun, pour un total de 20 $ (remise de 33 %), *ou*, en conservant la même réduction, je pourrais vendre un t-shirt à 20 $ et offrir deux t-shirts gratuitement. Le prix est identique, mais *il y a encore plus d'articles gratuits*.

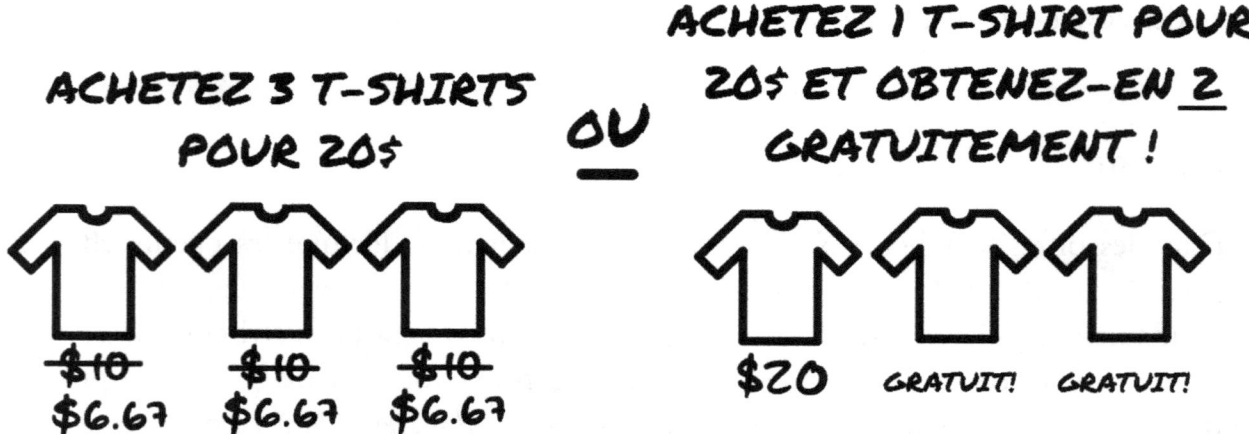

Boot Factory a opté pour la première solution. Ils ont triplé le prix d'une paire de bottes et ont ajouté de la valeur... en offrant davantage de bottes. Une paire de bottes coûteuses accompagnée de deux paires gratuites attire davantage de clients à Boot *Factory* que la vente d'une seule paire à un prix raisonnable. De plus, l'ajout *d'un produit gratuit* attire encore plus de clients.

Exemples

Achetez 1 produit physique et obtenez-en 2 gratuits : (l'offre de Boot Factory)

- Une paire de bottes : 200 $
- Offre « Achetez X, obtenez Y gratuitement » : achetez une paire à 600 $, obtenez deux paires gratuites
- Résultat final : ils achètent toujours trois paires de bottes à 200 $, pour un total de 600 $.

3 versions : 18 mois de services, également appelés « 3 paires de bottes »

- Bon : « *Achetez 12 mois, obtenez 6 mois gratuits* » - 1 800 $
- Meilleure option : « *Achetez 9 mois, obtenez 9 mois gratuits* » - 1 800 $
- Optimal : « *Achetez 6 mois, obtenez 12 mois gratuits* » - 1 800 $

Tout le monde paie le même prix pour la même quantité de services. <u>Cependant, la troisième option est la plus intéressante.</u> (Indice : c'est celle qui offre le plus d'avantages gratuits !)

Points importants

L'offre « Achetez X, obtenez Y gratuitement » incite les clients à acheter davantage *et* apporte une valeur ajoutée. Auparavant, certaines de mes entreprises de services mettaient une année entière à rentabiliser leurs activités. Cependant, l'offre « Achetez 6 mois, obtenez 6 mois gratuits » a attiré *beaucoup* plus de clients que l'offre mensuelle initiale. De plus, les paiements ont été effectués à l'avance.

Augmentez les prix avant d'offrir des articles afin de préserver vos bénéfices. Si vous utilisez cette stratégie pour attirer des clients, elle sera efficace. Et comme elle sera efficace, vous devez générer des revenus. Par conséquent, augmentez *de manière permanente* les prix pour compenser la remise. Ne mentez pas. Augmentez réellement vos prix. Étant donné que c'est ce qui attirera tous les nouveaux clients, il est logique de changer cela, au moins pendant une saison. De plus, de nombreuses personnes pourraient encore accepter vos prix doublés et briser vos croyances limitantes en matière de tarification. Voilà, c'est cadeau !

L'offre « Achetez X, obtenez Y gratuitement » est plus efficace si vous proposez davantage d'articles gratuits que d'articles payants.

Consultez le deuxième exemple. « Achetez dix, obtenez deux gratuits » n'est pas aussi efficace que « achetez deux, obtenez dix gratuits ». Cela semble évident, mais encore une fois, les gens ne le font pas. Pour que cela fonctionne mieux, offrez plus de gratuités que ce que vous demandez aux gens d'acheter. Ajustez simplement les prix jusqu'à ce que cela vous convienne. « Achetez un, obtenez deux » au lieu de « achetez deux, obtenez un ».

Les articles gratuits peuvent être différents des articles payants.

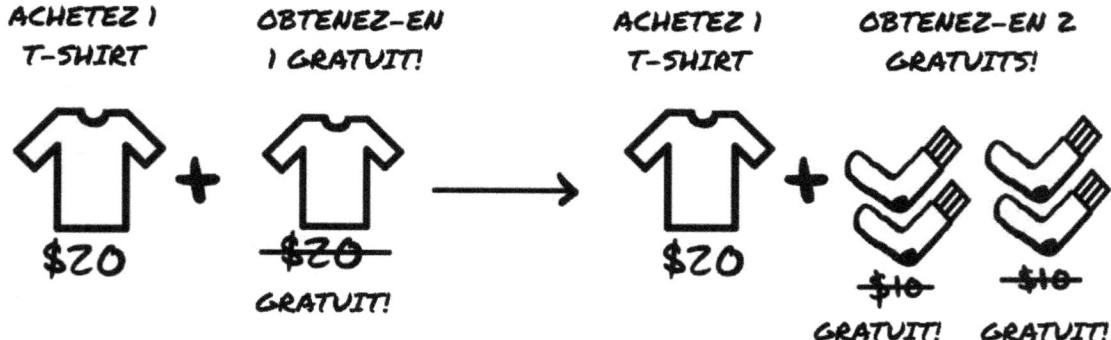

Lorsque les gens commencent à proposer ce type d'offres, ils associent des articles gratuits et payants. Cependant, vous pouvez combiner les articles comme vous le souhaitez. Assurez-vous simplement que la valeur des *différents* articles gratuits rende l'offre toujours intéressante. Exemple : supposons que les chaussettes aient une valeur de 10 $. Si les clients achètent un t-shirt à 10 $, mais reçoivent 20 $ de chaussettes gratuites, cela peut sembler être une meilleure affaire.

Il est préférable d'offrir plusieurs articles gratuits moins chers plutôt que quelques articles gratuits plus coûteux.

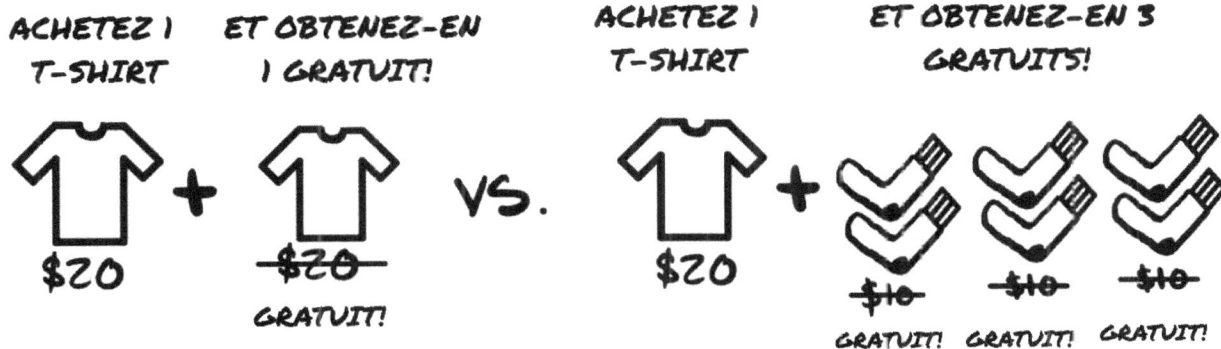

Reprenons l'exemple du t-shirt. Supposons que je ne puisse offrir qu'un seul t-shirt gratuitement, mais que pour le même prix, je puisse offrir trois paires de chaussettes. Je comparerais probablement l'offre « Achetez 1 t-shirt, obtenez 1 t-shirt gratuit » à l'offre « Achetez 1 t-shirt, obtenez 3 paires de chaussettes gratuites ». Les chaussettes coûtent moins cher qu'un t-shirt, mais les clients perçoivent tout de même l'offre comme « achetez un article, obtenez trois articles gratuits ». Parfois, proposer plusieurs articles moins chers est plus efficace que proposer *moins* d'articles plus chers.

Au lieu d'offrir une remise de 33 %, nous vous proposons une offre spéciale : un t-shirt acheté, deux t-shirts offerts.

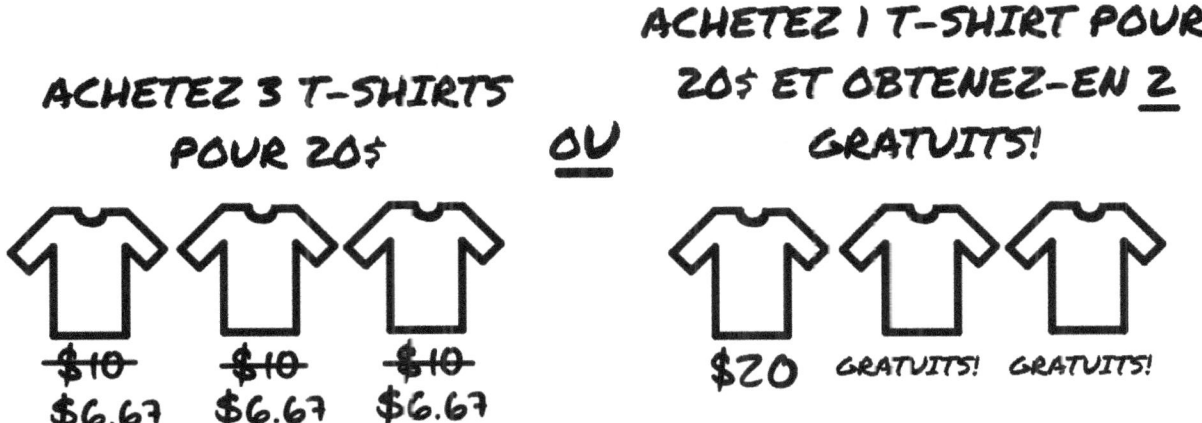

Même si cela peut être structuré pour atteindre le même objectif, la gratuité suscite davantage d'intérêt qu'une remise. Plus de personnes connaissent la valeur de *la gratuité* que celle d'un t-shirt. Par exemple, plutôt que de vendre des t-shirts à 10 $ pour 6,67 $ chacun (33 % de remise), vous pourriez susciter davantage d'intérêt (et générer plus de revenus) en proposant « un t-shirt à 20 $ et deux gratuits ». Veuillez tester cette approche.

Ne faites pas ce genre d'offres si vous n'êtes pas en mesure de gérer votre argent. Bien que les offres « achetez X, obtenez Y gratuitement » génèrent d'importants flux de trésorerie pour une entreprise, vous devez être en mesure de tenir vos promesses. Ainsi, si vous recevez en un mois l'équivalent d'une année entière de paiements, *assurez-vous de pouvoir honorer vos engagements* pendant toute l'année. Prévoyez dans votre budget le montant nécessaire pour servir vos clients pendant toute la durée de votre contrat. Ne commettez pas l'erreur d'acheter une maison avec l'argent destiné à servir vos clients. Vendre des produits que vous ne pouvez pas livrer est illégal et *nuit à* votre réputation. Tenez vos promesses.

Proposez cette offre à vos clients existants pour obtenir des liquidités rapidement. Si vous avez déjà une activité à abonnement et que vous avez besoin de liquidités rapidement, vous pouvez proposer cette offre à vos clients existants. Beaucoup d'entre eux seront ravis d'acheter dix articles et d'en obtenir deux gratuits, même au prix actuel. Limitez simplement l'offre à 10 % de vos clients. Cela vous permettra d'obtenir un bon apport de liquidités *et* de maintenir un flux de trésorerie à abonnement optimal.

Ne vous inquiétez pas. Les clients abonnés continuent d'acheter. Continuez donc à leur vendre vos produits. Beaucoup de gens hésitent à faire davantage d'offres aux clients qui paient un abonnement. C'est une erreur. D'après mon expérience, ce sont ces clients qui dépensent le plus. Proposez-leur d'autres offres et ils achèteront. Après tout, ils ont peut-être prépayé il y a plusieurs mois. Leur portefeuille a été « réapprovisionné » avec de l'argent frais qui ne demande qu'à être dépensé chez vous. Ne les empêchez pas.

Si les clients n'achètent qu'une seule fois, encouragez-les à faire un achat important. Dans mon histoire, la *Boot Factory* s'adressait aux touristes qui souhaitaient s'intégrer dans les bars cow-boys locaux. Cela signifie que la plupart de leurs clients *ne* faisaient *qu'un seul* achat. Jamais plus. Pour cette raison, il est judicieux de faire en sorte que cet achat soit le plus important possible. Il suffit d'offrir la valeur nécessaire pour le justifier. Si vous n'avez qu'une seule chance, autant la saisir !

Points à retenir

- Dans les offres « Achetez X, obtenez Y gratuitement », lorsque les clients achètent un article, ils reçoivent d'autres articles gratuitement.

- L'offre « Achetez X, obtenez Y gratuitement » est efficace pour les produits qu'il est judicieux d'acheter en plus grande quantité ou dont il est avantageux de prolonger la vente.

- L'offre de base « Achetez X, obtenez Y gratuitement » propose une nouvelle approche en matière de tarification. L'offre « Achetez 1, obtenez 2 gratuitement » coûte le même prix que l'achat de 3 produits, mais les clients perçoivent l'offre gratuite comme plus avantageuse. (Exemple de 18 mois de service)

- Essayez toujours d'offrir plus de produits gratuits que de produits payants.

- Vous pouvez associer différents articles gratuits à vos articles payants.

- Certaines offres « Achetez X, obtenez Y gratuitement » proposent une réduction sur le prix : acheter plusieurs articles revient moins cher que d'acheter le même nombre d'articles un par un.

- Les offres « Achetez X, obtenez Y gratuitement » peuvent prolonger la durée de fidélisation des clients. Si les clients habituels restent trois mois, alors une offre « Achetez 2, obtenez 2 gratuitement » les fidélisera pendant quatre mois (, ou selon la durée que vous aurez définie). Cela vous donne davantage d'opportunités de proposer plus d'offres et d'apporter plus de valeur ajoutée.

- Si vous utilisez l'offre « Achetez X, obtenez Y gratuitement » pour générer rapidement beaucoup de liquidités, veillez à bien la gérer et à tenir vos promesses.

- Si vous avez besoin de liquidités rapidement, vous pouvez proposer cette offre à vos clients réguliers. Limitez simplement le nombre de ventes afin de conserver votre trésorerie.

- Continuez à vendre à des clients qui paient à l'avance pour de longues durées, ce sont les clients les plus susceptibles d'acheter à nouveau !

CADEAU GRATUIT : Achetez X et recevez Y gratuitement - Cours vidéo

Achetez X, obtenez Y gratuitement, gagnez beaucoup d'argent et attirez de nombreux clients. Il vous suffit de maîtriser vos calculs. J'ai réalisé une vidéo gratuite pour vous présenter des façons créatives de l'utiliser. Vous pouvez visionner la vidéo gratuitement sur acquisition.com/training/money. Si vous préférez éviter de taper l'adresse, scannez le code QR.

Payez moins maintenant ou payez plus plus tard

Le temps, c'est de l'argent. - Benjamin Franklin

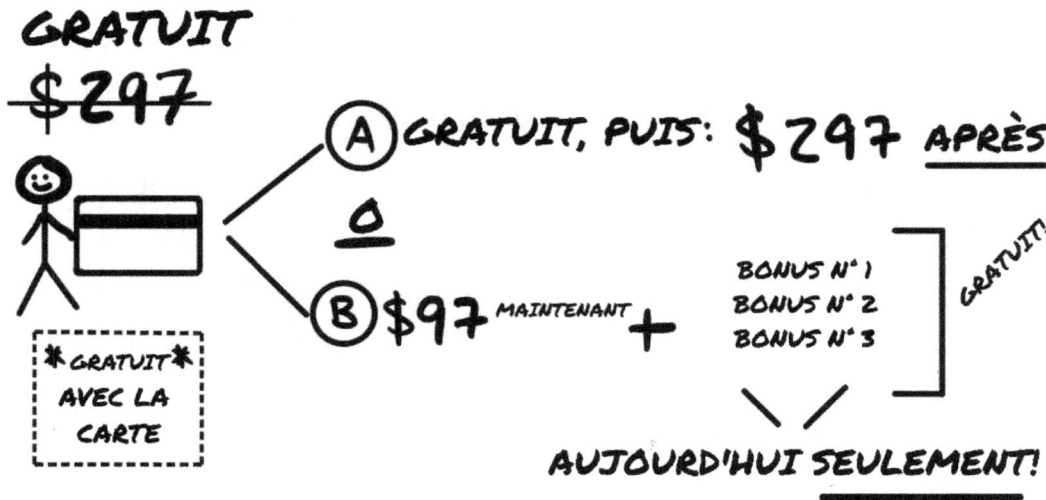

Juin 2016.

Une annonce a attiré mon attention : *« Doublez votre vitesse de lecture en 3 heures, ou c'est gratuit »*. J'ai ouvert et parcouru le texte. À l'intérieur, le lecteur le plus rapide au monde proposait une formation gratuite pour doubler ma vitesse de lecture en trois heures. Je me suis donc inscrit. Pourquoi pas ?

La page d'inscription indiquait : « Vous pouvez enregistrer votre carte de crédit pour 0 $ et être facturé 297 $ demain. Et si votre vitesse de lecture ne double pas, il vous suffit de nous envoyer un e-mail avant cette date et nous annulerons la facturation. Cependant, vous devez participer pour être éligible. » <u>ou</u> « Vous pouvez simplement payer 97 $ dès maintenant et, en bonus gratuit, obtenir les enregistrements, qui ne seront vendus nulle part ailleurs. »

J'ai opté pour la première option. Je souhaitais vérifier si ma vitesse de lecture doublait avant de payer quoi que ce soit. Pendant toute la formation, je m'attendais à ce qu'il me vende d'autres produits. Cependant, il s'est contenté de m'apporter une valeur ajoutée. Après deux heures, grâce à ses techniques, ma vitesse de lecture a doublé. *Impressionnant.* La formation avait tenu ses promesses. Il méritait ses 297 $.

Ensuite, il m'a expliqué comment je pouvais apprendre à lire encore plus rapidement grâce à son programme de formation de huit semaines. Étant satisfait de mes résultats, j'ai décidé de ne pas souscrire à cette offre supplémentaire. Il m'a enseigné une compétence que j'utilise encore aujourd'hui. Cependant, la véritable valeur ajoutée provenait de l'apprentissage d'une toute nouvelle offre d'attraction.

Explication

Dans « Payez moins maintenant ou payez plus plus tard », vous offrez aux clients la possibilité de payer le prix plein plus tard OU de bénéficier d'une remise immédiate. Cette stratégie est particulièrement efficace, car elle élimine *tout* risque pour le client. Ils paient plus tard *et* uniquement s'ils sont satisfaits. Elle combine ainsi les avantages d'un paiement différé et d'une garantie de satisfaction. *Tout le monde peut vendre ce concept.* Presque tout le monde acceptera de payer plus tard s'il est satisfait. Cependant, une fois qu'il a accepté de payer plus tard, vous pouvez l'inciter à payer *maintenant* en lui proposant des remises importantes et des bonus intéressants.

L'option *de paiement différé* vous permet de proposer une offre « gratuite », car les clients peuvent choisir de payer ou non. Cela permet d'attirer de nombreux prospects. Cependant, cette offre gratuite présente un avantage supplémentaire : *nous conservons leur numéro de carte bancaire dans nos dossiers.* S'ils choisissent cette option et ne sont pas satisfaits du produit, ils peuvent annuler leur commande à tout moment avant que le paiement ne soit effectué.

S'ils acceptent l'option *de paiement différé*, nous leur proposons ensuite de *payer immédiatement*. Les options *de paiement immédiat* offrent une remise de 20 à 50 % et des bonus plus importants. Et comme nous avons déjà enregistré leur carte, nous leur facilitons le paiement.

Qu'ils choisissent de *payer immédiatement* ou *ultérieurement*, vous avez des clients et, probablement, un certain bénéfice. Cependant, pour tirer pleinement parti de cette offre, il est souhaitable de disposer d'autres produits à vendre. Veillez donc à proposer quelque chose *de plus, de mieux,* de *plus récent* au moment opportun. Et ne vous inquiétez pas, nous aborderons en détail les upsells dans la section suivante.

Exemples

Trouvez votre première transaction immobilière — Formation gratuite de 3 jours

<u>Paiement différé</u> : 0 $ pour un atelier de 3 jours. Un montant de 500 $ sera facturé à la fin, sauf en cas d'annulation.

<u>Payer immédiatement</u> : 299 $ pour un atelier de 3 jours, plus les enregistrements, un appel individuel avec un expert certifié en biens immobiliers en difficulté, ainsi que des documents à utiliser (remis lors de l'atelier).

Upsell : 30 000 $ pour vous accompagner à chaque étape de la conclusion de votre première transaction dans les six mois, *plus* : modèles juridiques, conseiller pour évaluer l'investissement, liste de contrôle pour l'inspection, etc.

Service aux entreprises locales : taille gratuite de vos haies

Paiement différé : 0 $ pour la tonte de pelouse+ taille des haies, puis 599 $ par la suite.

Paiement immédiat : 369 $ pour la tonte de la pelouse+ haies+ traitement de la pelouse.

Upsell : 199 $ par mois pour les services d'entretien de la pelouse.

Le représentant se rend au domicile, établit un devis et propose les deux options, puis procède à la upsell une fois le travail terminé.

Produits physiques : Essai de vêtements pendant 14 jours

Paiement différé* : 0 $ maintenant. Obtenez le produit. Vous serez ensuite facturé 149 $ dans 14 jours.

Payer maintenant : 97 $ pour le vêtement + les accessoires assortis.

Upsell : la robe est accompagnée d'une offre d'abonnement mensuel pour recevoir d'autres vêtements similaires.

Les clients doivent retourner le produit dans un état neuf avant la facturation pour bénéficier de la garantie.

Points importants

Promettez un résultat clair, oui ou non. Tout d'abord, faites en sorte que votre promesse aboutisse à un résultat clair, oui ou non. Ensuite, assurez-vous de pouvoir la tenir dans les délais impartis. Si vous ne le faites pas, ils demanderont à ne pas être facturés. Par exemple, si vous promettez de soulager la douleur à l'épaule d'une personne, demandez-lui d'évaluer sa douleur sur une échelle de 1 à 10 avant d'intervenir, puis demandez-lui de l'évaluer à nouveau après. Si la douleur a diminué, vous avez réussi et vous pouvez lui proposer d'autres services. Veillez à ce que votre promesse soit simple, claire et mesurable. Cela évite les annulations inutiles.

Proposez une garantie de satisfaction conditionnelle. *Les personnes ne peuvent annuler la facturation que si elles remplissent les conditions requises. Par exemple, j'ai dû me* présenter à la formation en lecture pour pouvoir annuler les frais. Après tout, ils ne peuvent pas affirmer que vous n'êtes pas compétent s'ils n'ont jamais essayé. Veillez donc à suivre les conditions nécessaires pour être admissible. Pensez à la participation, à la présence aux rendez-vous, à la remise des données, etc. Définissez les critères que les personnes doivent remplir pour tirer le meilleur parti du produit. Tout le monde y gagne.

Bonus pour votre option « Payer maintenant ». Je n'apprécie pas lorsque les gens reprennent du contenu et le présentent comme nouveau. Je ne souhaitais donc pas agir de la sorte. J'ai consacré un chapitre entier aux bonus dans mon livre sur les offres : « *L'Offre à 100M $* ». Vous pouvez vous procurer un exemplaire du livre ou visionner gratuitement la formation vidéo sur mon site à l'adresse suivante : acquisition.com/training/offers.

Optimisez vos offres « Payez maintenant » et « Payez plus tard ». Si un nombre excessif de personnes choisissent l'option « Payez plus tard », augmentez la remise sur l'option « Payez maintenant », ajoutez des bonus plus intéressants, ou les deux. Si un nombre excessif de personnes choisissent l'option « Payez maintenant », faites le contraire.

Si plus de 10 % des personnes ayant opté pour le paiement différé annulent leur paiement. Vous avez peut-être promis trop, les conditions de garantie sont trop faibles ou le prix est trop élevé. Remarque : même si vous fournissez un service de qualité, *certaines* personnes annuleront leur paiement. Cela est tout à fait normal. Intégrez cela dans vos coûts d'exploitation et poursuivez vos activités.

Cela fonctionne également pour les entreprises par abonnement. Vous pouvez leur proposer de payer un tarif plus élevé 30 jours plus tard *ou* de payer moins aujourd'hui et de conserver le tarif réduit de manière permanente. De plus, vous pouvez ajouter des options supplémentaires.

> **Si vous organisez des événements, des formations ou des présentations, faites allusion à votre prochaine offre dès le début.**
>
> Si le gourou de la lecture avait déclaré : « *Tout le monde veut savoir quand commence mon prochain cours intensif de lecture, car les places sont très vite épuisées. J'y reviendrai à la fin. Mais soyez attentifs. Je souhaite d'abord tenir la promesse que je vous ai faite de doubler votre vitesse de lecture.* » En faisant allusion à sa prochaine offre plus tôt, il en aurait vendu davantage. Permettez-moi de vous expliquer :
>
> J'avais l'habitude de faire *beaucoup* de consultations nutritionnelles. Les gens m'interrompaient constamment pour me poser des questions sur les compléments alimentaires. Cela m'agaçait. Alors, un jour où j'étais fatigué, j'ai déclaré : « *Tout le monde veut savoir quels compléments alimentaires acheter. Nous y viendrons, je vous le promets. Mais veuillez prêter attention à la section sur la nutrition, c'est plus important.* » Par inadvertance, j'ai laissé entendre que tout le monde achetait des compléments alimentaires *sans les proposer*. Et tous les hochements de tête que j'ai reçus m'ont montré qu'ils souhaitaient effectivement plus de produits. Tous ces facteurs ont incité davantage de personnes à acheter lorsqu'elles ont enfin pu poser leurs questions. Une erreur heureuse que je me suis assuré de répéter.

Points à retenir

- Les offres « Payez moins maintenant ou payez plus plus tard » permettent aux clients de choisir entre payer le prix plein plus tard OU bénéficier d'une remise *et* d'options supplémentaires *s'ils effectuent leur paiement immédiatement*.
- L'option « *Payez plus tard* » prévoit un paiement différé assorti d'une garantie conditionnelle.
    - Définissez des critères clairs pour bénéficier de la garantie et des moyens simples pour les évaluer.
    - Si possible, alignez les critères sur ce qui apporte le plus de valeur aux produits.
- L'option « *Payer maintenant* » offre une remise de 20 à 50 % et des bonus *si les clients paient immédiatement*.
    - Proposez l'option « Payer maintenant » aux clients après qu'ils aient accepté l'option « Payer plus tard ».

- - S'ils choisissent de payer immédiatement, ils bénéficient de la remise et des bonus au lieu de la garantie.
- Faites en sorte que votre promesse soit facile à suivre, difficile à réfuter et qu'elle donne lieu à un résultat clair (oui/non).
- Si vous avez plus de 10 % d'annulations, cela signifie que vous avez fait des promesses excessives, que les conditions de garantie sont trop faibles ou que le prix est trop élevé.
  - De plus, accordez une attention particulière à ceux qui affirment ne pas avoir reçu ce qui leur avait été promis avant la date limite d'annulation.

CADEAU GRATUIT : Formation « Payez moins maintenant, payez plus plus tard » [sans inscription]

Il s'agit de l'une des offres les plus créatives que j'ai jamais observées ou utilisées. Elle est particulièrement efficace pour les produits numériques et les services de courte durée. Ces offres peuvent être remarquablement efficaces et également « agréables ». Elles sont également très faciles à enseigner aux commerciaux. Si vous souhaitez en savoir plus à leur sujet, j'ai élaboré une formation approfondie gratuite pour vous sur acquisition.com/training/money. Veuillez scanner le code QR pour un accès rapide et facile.

Offre de bonne action gratuite

Celui qui a dit que l'argent ne fait pas le bonheur n'en a pas donné assez.

« *Je suis devenu tétraplégique en 2018 et je vivais de l'aide sociale jusqu'à ce que je découvre votre contenu et votre livre... J'ai gagné 50 000 dollars au cours des 12 mois suivants en tant que travailleur indépendant.* » - Danny W.

J'ai une question à vous poser...

Aideriez-vous une personne que vous n'avez jamais rencontrée si cela ne vous coûtait rien, sans en tirer aucun mérite ?

La plupart des gens jugent en effet un livre à sa couverture. Voici donc ma demande au nom d'un entrepreneur en difficulté que vous n'avez jamais rencontré : **veuillez aider cet entrepreneur en laissant un commentaire sur ce livre. Votre commentaire est utile...**

... une autre petite entreprise comme celle de Bill contribue à la vie de sa communauté. Selon les propres mots de Bill : « *J'ai ouvert une pizzeria début 2022, peu après avoir découvert Des offres à $100M. Les ventes ont démarré lentement, mais nous avons réussi ! Après avoir lu $100M Leads, nous avons mis en place de nombreuses initiatives, comme proposer aux clients de faire un don à la banque alimentaire locale pour avoir une chance de gagner des pizzas gratuites pendant un an. Je ne compte plus le nombre de nouveaux clients que nous avons acquis après avoir mis en place ces initiatives pour la communauté. Cela prouve sans aucun doute que ces méthodes fonctionnent pour tout type d'entreprise. Merci !* »

… un autre entrepreneur comme Thomas subvient aux besoins de sa famille. Selon les propres mots de Thomas : « *Après dix ans, j'ai été licencié de mon emploi de 9 h à 17 h. Cependant, j'ai ensuite découvert votre livre et j'ai lancé une entreprise de guides touristiques dans le Colorado. Deux ans plus tard, nous comptons désormais cinq employés. J'ai littéralement mis en pratique ce que j'ai appris et j'ai réalisé mon rêve. Aujourd'hui, mes enfants et ma femme sont plus heureux que jamais.* »

… un autre employé comme Miguel a un travail plus enrichissant. Selon les propres mots de Miguel : « *J'ai reçu ce livre en cadeau et j'ai décidé de le transmettre à mes six employés. Depuis lors, notre entreprise a connu une transformation remarquable et continue de croître chaque mois. De plus, je l'ai également offert à mes formateurs indépendants. Je vous remercie sincèrement.* »

Votre avis peut aider un autre entrepreneur comme Simon à transformer sa vie. Selon Simon : « *Je suis une personne lambda originaire d'Allemagne et je n'arrivais pas à trouver de clients. Puis j'ai acheté $100M Leads. Après avoir lu le chapitre sur la prospection à froid, j'ai commencé à appliquer la règle des 100. Je m'attendais à obtenir peut-être 1 ou 2 clients…Mais ensuite… j'ai obtenu 8 rendez-vous en 7 jours… J'ai conclu 4 contrats et gagné mes premiers 500 € grâce à l'un de ces clients. Cela fait maintenant 3 mois et ma carrière ne pourrait pas mieux se dérouler. Votre livre était le seul dont j'avais besoin. Je le recommande à tout le monde !* »

… un autre entrepreneur comme Alex a réussi à sortir d'une situation difficile. Selon les mots d'Alex : « *J'ai emménagé avec ma compagne en gagnant moins de 1 000 dollars par mois. J'ai acheté $100M Leads et nous avons appliqué TOUTES les stratégies. Trois semaines plus tard, nous avons signé un contrat avec un client pour plus de 2 000 dollars par mois. Puis trois autres ! Je vous suis redevable de bien plus que le coût de ces livres.* »

Votre avis contribue à aider un autre entrepreneur comme Mohan à quitter son pays et à se libérer de ses dettes. Selon les propres mots de Mohan : « *En tant qu'immigrant indien en difficulté essayant de me rendre en Irlande, je gagnais si peu d'argent que je risquais de mourir avant d'avoir remboursé ma dette. Je donnais des cours particuliers lorsque cela était possible. Puis j'ai lu* » Des offres à $100M « *et j'ai démissionné de mon emploi 11 jours plus tard. J'ai effectué le même travail, mais j'ai appris à faire des offres cette fois-ci. Les clients étaient satisfaits de payer. Parfois même 1 500 € lorsque j'offrais des bonus. Je gagne désormais un revenu suffisant pour vivre. Et j'ai enfin trouvé ce que j'aime faire. J'ai déménagé en Allemagne et j'ai presque remboursé mes dettes. Merci, Alex.* »

Si vous vous dites que vous le ferez plus tard, veuillez le faire maintenant. Il faut moins de 60 secondes pour changer la vie de quelqu'un à jamais.

Si vous utilisez Audible, appuyez sur les trois points en haut à droite de votre appareil, cliquez sur « Évaluer et donner votre avis », puis rédigez quelques phrases sur le livre et attribuez-lui une note.

Si vous lisez sur Kindle ou sur une liseuse électronique, veuillez faire défiler jusqu'au bas du livre, puis balayez vers le haut et une fenêtre s'ouvrira pour vous permettre de laisser un commentaire.

Si, pour une raison quelconque, cela venait à changer, vous pouvez vous rendre sur Amazon (ou sur le site où vous avez effectué votre achat) et laisser un commentaire directement sur la page du livre.

Si vous appréciez l'idée d'aider un entrepreneur anonyme, vous êtes comme moi. Bienvenue chez #mozination. Vous êtes l'un des nôtres.

Je suis beaucoup plus enthousiaste à l'idée de vous aider à gagner plus d'argent que vous ne pouvez l'imaginer. Vous allez adorer les tactiques que je m'apprête à partager dans les prochains chapitres. Je vous remercie sincèrement. Maintenant, revenons à notre programme habituel.

- Votre plus grand fan, Alex

Conclusion sur les offres d'attraction

Extra ! Extra ! Écoutez bien !

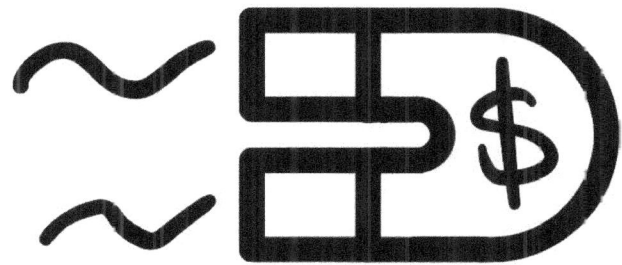

L'objectif des offres d'attraction est de transformer des inconnus en clients. Et ce, de manière à obtenir plus d'argent dès le départ. Idéalement, nous obtenons suffisamment d'argent pour couvrir le coût du client et le coût de livraison de notre produit *plusieurs fois.* De cette façon, nous pouvons nous rembourser *et* obtenir notre prochain client.

Je vous ai présenté les cinq offres promotionnelles les plus efficaces que j'ai observées et utilisées : « Récupérez votre argent », « Concours », « Offres leurres », « Achetez X, obtenez Y gratuitement » et « Payez moins maintenant ou payez plus plus tard ». Je les applique à un moment ou à un autre à toutes les entreprises que je possède. Elles ont transformé 1 000 $ en 10 000 000 $ en dix mois, car lorsque j'ai obtenu des retours, j'ai continué à doubler la mise. Une offre d'attraction « Grand Chelem » transforme votre entreprise (et votre vie) à jamais.

Après avoir utilisé les offres d'attraction, nous avons gagné de nouveaux clients. Maintenant que nous les avons acquis, nous devons augmenter nos bénéfices sur 30 jours en leur vendant davantage de produits. Cela nous amène à la composante suivante de ce livre *$100M- les Modèles d'Argent* qui sont : les offres de vente upsells. *Que proposer ensuite ?*

CHAPITRE III :
OFFRES DE VENTE INCITATIVE (UPSELL)

Vous voulez des frites avec ça ? - La célèbre upsell de McDonald's

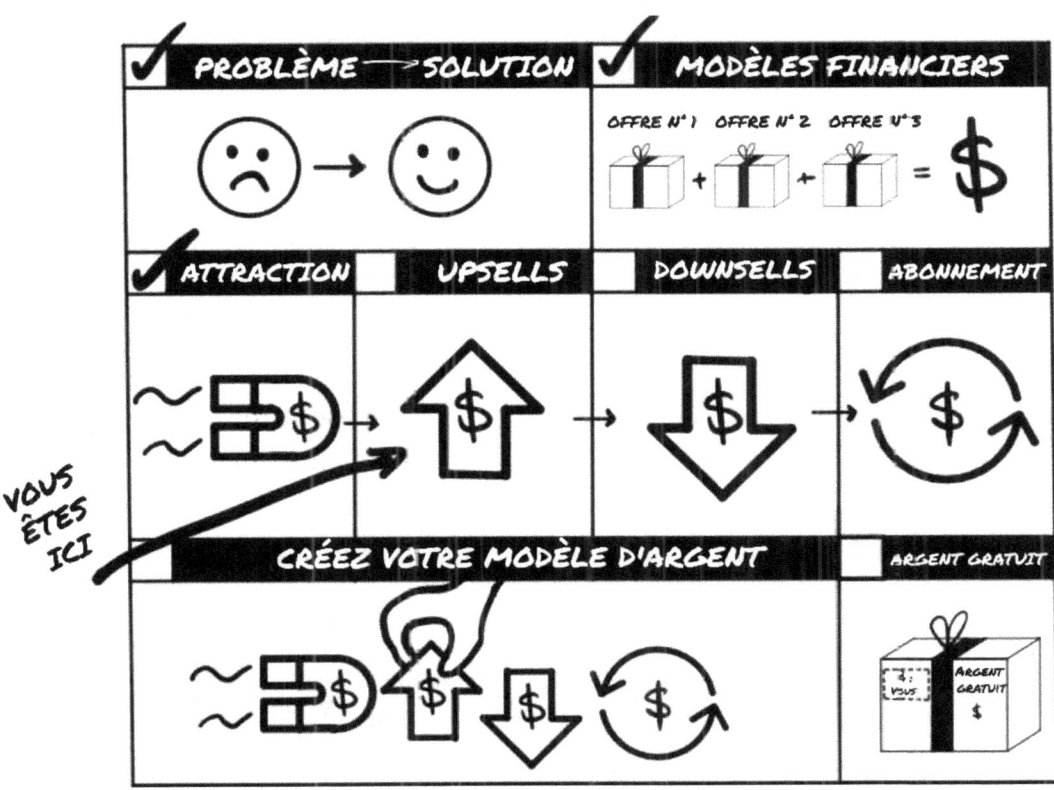

Avec une offre d'attraction en place, vous avez des clients et des liquidités. Si nous avons bien travaillé, nous avons également réalisé des bénéfices. Excellent ! Nous souhaitons maintenant maximiser les bénéfices sur 30 jours. Que devons-nous faire ? Réponse : générer davantage de revenus. Pour ce faire, nous proposons des offres d'upsell. En substance, les upsells correspondent simplement à ce que nous proposons ensuite.

Comment fonctionnent les upsells

Lorsqu'une offre résout un problème, un autre apparaît. Vous *vendez* la solution au problème que votre offre apporte. Ainsi, chaque offre ouvre la porte à une upsell… voire à des upsells ! Souvent, les upsells génèrent la majorité des bénéfices. Elles peuvent faire ou défaire un Modèle d'Argent. Laissez-moi vous montrer à quel point.

Supposons qu'un fastfood réalise un profit de 0,25 $ sur un hamburger vendu 2 $. Si c'était la seule offre proposée, il faudrait vendre environ 10 000 hamburgers par jour pour couvrir les coûts et à peine « survivre ». Bonne chance. Cependant, ils proposent d'autres offres en plus du hamburger. Ils demandent : « *Vous voulez des frites ?* » Si la réponse est oui, ils réalisent un profit supplémentaire de 0,75 $ et demandent : « *Souhaitez-vous prendre un menu ?* », ce qui ajoute une boisson. Si la réponse est oui, ils réalisent un *profit supplémentaire de 1,75 $*. Leur profit passe de 0,25 $ à 2,00 $, *soit une multiplication par 8*. En outre, ils proposent une troisième offre : « *Souhaitez-vous agrandir votre menu pour seulement un dollar de plus ?* ». Cela fait passer le profit de 0,25 $ à 3,00 $, soit *une multiplication par 11,6*. Et maintenant, ce petit fastfood a réellement une chance de réussir.

Je présente cet exemple simple (et courant) pour souligner un point : votre première offre *ne génère pas toujours* de profit. En d'autres termes, *ce que vous vendez le plus n'est pas toujours ce qui vous rapporte le plus*. Vous réalisez vos profits sur la deuxième, la troisième et, dans le cas du secteur des hamburgers, la quatrième offre et les suivantes. Si McDonald's ne vendait pas de frites et de boissons en complément, McDonald's n'existerait pas. Si vous souhaitez réussir, vous devez trouver votre propre version de « *Voulez-vous des frites ?* ». Si vous ne le faites pas, d'autres le feront.

Les upsells échouent lorsque :

- Vous proposez quelque chose qu'ils ne veulent pas (trop différent ou ne résout pas leur problème).
- Vous le proposez au mauvais moment (avant qu'ils n'aient rencontré le problème).
- Vous le proposez de manière inappropriée (ils ne vous font pas confiance).
- Ou une combinaison des éléments ci-dessus.

En résumé, les upsells ont tendance à proposer :

- Plus que ce qu'ils viennent d'acheter (pensez à la quantité) — Pourquoi se contenter d'un hamburger quand on peut en avoir deux ?
- Une version améliorée (en termes de qualité) : pourquoi se contenter d'une viande mystérieuse alors que l'on peut avoir du faux-filet ?
- Des produits nouveaux ou complémentaires (pensez à la différence) — Souhaitez-vous des frites et une boisson avec le burger ?

J'utilise quatre offres d'upsell simples et extrêmement efficaces :

- L'upsell classique
- Les upsells « à la carte »
- Les upsells d'ancrage
- Les upsells reportées

Et avec quelques ajustements, vous pouvez les intégrer dès aujourd'hui à votre activité. **Attention** : cette section est extrêmement efficace et doit être utilisée de manière éthique. Cela étant dit, passons à la phase de génération de revenus.

CADEAU GRATUIT : Offres d'upsell [sans inscription]

Si vous souhaitez augmenter vos bénéfices par client, il est nécessaire de leur vendre davantage de produits. Il est essentiel de connaître le moment opportun, la méthode appropriée et les produits à vendre. J'ai appris de nombreuses leçons en commettant des erreurs. J'espère pouvoir vous aider à éviter ces erreurs et à réussir dès le début. J'ai préparé une formation supplémentaire sur ce chapitre que vous pouvez visionner gratuitement sur acquisition.com/training/money. Un code QR est disponible pour un accès rapide et facile.

L'Upsell classique

Vous ne pouvez pas avoir X sans Y !

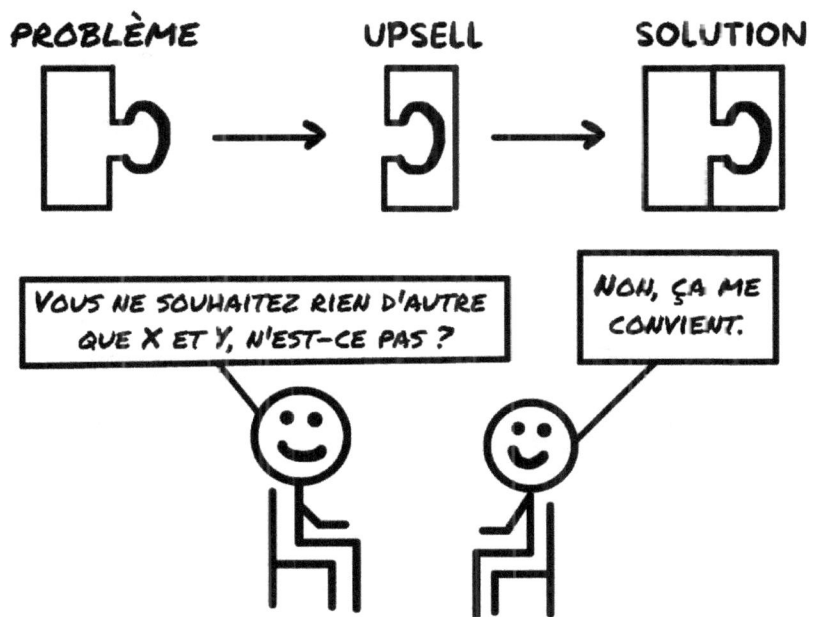

Été 2016.

Il était un important négociant en fourrures, un expert en affaires de quatrième génération et mon mentor d'enfance. Nous nous sommes assis pour discuter dans un restaurant chic en face de son magasin. Une minute après avoir passé notre commande, notre saumon est arrivé.

« À ton avis, combien coûte ce saumon au restaurant ? Trois dollars ? Peut-être quelques centimes de plus pour l'accompagnement ? Et regarde le menu : ils le vendent trente-deux dollars ! Incroyable... mais... nous payons. » Il a pris une première bouchée, a gloussé, puis a poursuivi.

« J'ai entendu dire que tu t'étais lancé dans les affaires, tant mieux pour toi. Je ne l'aurais jamais deviné quand tu travaillais à la boutique. Tu étais plutôt maladroit. »

« Que veux-tu que je te dise ? Brosser sept mille manteaux de fourrure d'affilée m'a fait perdre la tête. » Je lui ai dit en riant : « Tu fais toujours fortune avec ça ? »

Un sourire timide apparut. « Oui. Et ce n'est même pas ça le plus fou, mon fils a eu une idée remarquable. » Son fils serait le *propriétaire de cinquième génération*.

« Raconte-moi », lui ai-je demandé.

« Nous proposons des cache-oreilles gratuits avec le stockage des manteaux. Et écoute bien. Lorsque les clients viennent chercher leurs cache-oreilles et stocker leurs manteaux, il leur dit : *" Parfait. Nous pouvons également les stocker pour 30 $. Vous ne souhaitez pas stocker autre chose, n'est-ce pas ? "* Et bien sûr, ils répondent non. »

« Attends un instant, vous leur faites payer un espace de stockage supplémentaire pour les cache-oreilles gratuits en les amenant à refuser ? Remarquable. »

« Nous ? Non, nous restons simplement créatifs... et si quelque chose fonctionne, nous continuons dans cette voie. »

***

Chaque fois qu'il parlait affaires, son visage s'illuminait. Même si je me sentais mal à l'aise dans son magasin, j'ai appris de lui de nombreuses leçons qui m'ont servi toute ma vie. Je partage cette histoire en hommage à ces leçons.

Explication

L'upsell classique offre une solution au prochain problème du client *dès* qu'il en prend conscience. Je commence par expliquer l'upsell classique, car elle est extrêmement rentable, facile à mettre en œuvre et accessible à tous. La raison principale est que les clients actuels sont *toujours* plus enclins à acheter vos produits que des personnes qui ne vous connaissent pas. De plus, lorsque le moment est bien choisi, les clients se vendent eux-mêmes.

L'upsell classique repose sur le fait d'en savoir plus sur les problèmes de vos clients qu'eux-mêmes. Et vous devriez en être conscient, c'est votre métier après tout. Le concept est simple : votre offre principale résout un problème et en crée un autre. *Votre upsell* résout immédiatement ce nouveau problème. C'est ce qui donne à l'upsell classique sa structure « Vous ne pouvez pas avoir X sans Y ». Comme dans l'histoire de la location de voiture. Vous ne pouvez pas avoir de voiture sans assurance. Vous ne pouvez pas avoir de voiture sans essence. Vous ne pouvez pas passer un bon séjour sans retour tardif. Etc. Et toutes ces choses deviennent immédiatement évidentes *dès que* le client effectue son premier achat.

Conclusion : Si un problème survient et que vous pouvez le résoudre immédiatement, moyennant une compensation financière, n'hésitez pas à *le faire*.

Exemples

<u>Service local de lavage de voitures</u>

>Premier achat : lavage de voiture

>Upsell : produit d'étanchéité

>*Vous ne voudrez pas faire le lavage sans produit d'étanchéité. Vous en aurez beaucoup plus pour votre argent.*

<u>Produit physique</u>

>Premier achat : vélo

>Upsell n° 1 : Casque

>Upsell n° 2 : Éclairage

>Upsell n° 3 : pneus résistants aux crevaisons

>*Il est indispensable de porter un casque lorsque l'on utilise un vélo.*

<u>Produit numérique</u>

>Premier achat : cours sur l'exercice physique

>Upsell : cours sur la nutrition

>*Il est impossible de compenser une mauvaise alimentation par l'exercice physique… C'est pourquoi nous vous recommandons notre cours sur la nutrition.*

Points importants

Mettez-le en pratique. Vous seriez surpris du nombre d'entreprises qui viennent me voir et ne vendent qu'un seul produit. Je leur dis généralement : « Vous avez à peine une entreprise, vous avez un point de vente. Déterminez ce que vous allez proposer *ensuite*. » Quelques mois plus tard, j'apprends *qu'*elles ont multiplié leur chiffre d'affaires par cinq parce qu'elles ont proposé des Upsells.

Proposez d'abord les upsells les plus rentables. Si je propose deux produits et que l'un est plus rentable que l'autre, je propose d'abord l'option la plus rentable.

Amenez-les à « dire non pour dire oui ». J'ai toujours été impressionné par la fréquence à laquelle le vendeur de manteaux de fourrure parvenait à convaincre les clients d'acheter en leur disant « non ». Il savait que les gens avaient été conditionnés à répondre « non » à la question « vous ne souhaitez rien d'autre ? ». Mais cela transforme en réalité un « non » en « oui ». Ainsi, lors d'une upsell, la question se traduit par : *« Vous ne souhaitez rien d'autre [que ce que je viens de vous proposer] ? »* Une technique de vente astucieuse. Laissez donc les « non » (ou plutôt *les « oui »*) affluer.

Surprenez et enchantez. Supposons que vous disposiez de quatre bonus que vous réservez pour inciter les personnes indécises à acheter. Ajoutez-les un par un. Si elles acceptent avant que vous ne les ajoutiez, offrez-leur tout de même les quatre. Cela les surprendra et les ravira. De plus, cela vous garantit de vendre le même produit à tout le monde, afin que personne ne se sente exclu par la suite.

Vendez davantage lorsque vos clients achètent davantage : le cycle d'achat intensif. La plupart des acheteurs entrent dans un cycle d'achat intensif lorsqu'ils décident d'entreprendre quelque chose de nouveau. Il s'agit d'une courte période pendant laquelle ils sont particulièrement enthousiastes à l'idée de se lancer dans une nouvelle aventure. C'est à ce moment-là qu'ils dépensent des sommes importantes en peu de temps. Pensez aux mariages, aux nouveaux loisirs, aux naissances, aux déménagements, etc. Si votre entreprise répond à ce type de besoins, n'hésitez pas à proposer des offres d'upsell. *Adoptez cette approche et continuez à faire des offres.*

Utilisez les bonus gratuits pour créer des problèmes que les offres d'upsell permettent de résoudre. Les bonus résolvent des problèmes. C'est ce qui les rend précieux. Et grâce au cycle problème-solution, ils peuvent également les révéler. Les upsells peuvent résoudre ce nouveau problème. Les cache-oreilles, par exemple, ont un coût en termes de matériaux et de main-d'œuvre. Cependant, ils ont pu être « offerts gratuitement » en incitant les clients à payer 30 dollars pour stocker quelque chose *qu'ils venaient d'obtenir gratuitement.*

Plus les gens ont rapidement accès à quelque chose, plus ils l'apprécient. Un article d'une valeur de 10 000 $ que vous obtenez plus tard vaut moins qu'un article d'une valeur de 10 000 $ que vous obtenez maintenant. Plus il faut de temps à quelqu'un pour accéder à quelque chose, moins cela a de valeur à ce moment-là. Donc, si vous souhaitez augmenter les chances qu'ils acceptent l'upsell, rendez-la disponible dès que possible. Vous marquerez des points supplémentaires si vous le mettez entre leurs mains avant qu'ils n'aient dit oui. Il est beaucoup plus difficile de rendre quelque chose que de dire non.

Si vous regroupez des upsells, nommez-les. Il est plus facile de vendre un produit que neuf produits. En regroupant des articles, vous pouvez faire une seule « proposition » et réaliser neuf ventes. Je nomme les offres en fonction du type de client *et/ou* du résultat. Par exemple, « Offre résultats rapides », « Offre transformation » ou « Offre minimale ». Toutes ces mesures permettront d'augmenter les upsells par personne. Enfin, vous pouvez « retirer » certains produits ou fonctionnalités du forfait afin de réduire le prix. Vous trouverez plus d'informations à ce sujet dans le chapitre IV : Offres à prix réduit.

Intégrez les upsells à vos autres offres. Intégrez les produits que vous vendez de manière incitative à la manière dont vous présentez vos autres offres. Ainsi, davantage de clients les adopteront. Mes plans alimentaires comprenaient des suggestions de compléments alimentaires facultatifs. Ainsi, lorsque j'abordais le sujet de la nutrition, les gens me posaient des questions sur les compléments alimentaires. La formation en vente et marketing de Gym Launch suggérait des logiciels facultatifs. Cela a incité les propriétaires de salles de sport à les acheter. Intégrez le prochain produit que vous souhaitez vendre au premier produit qu'ils achètent.

Assurez-vous de fixer un rendez-vous lors de chaque rendez-vous (FRLCR). Plus vous aurez d'occasions de proposer des upsells, plus vous augmenterez vos ventes. En augmentant vos ventes, vous augmenterez vos revenus. Puisque c'est votre objectif, terminez chaque rendez-vous en fixant le prochain. Ne les laissez pas partir sans avoir pris rendez-vous ! Comme le dit Sharran, mon ami PDG très en vue : « Un client doit savoir quand il vous reverra et pourquoi *avant de partir.* » Donc, si vous acceptez de le revoir, *convenez immédiatement de la raison et de la date.*

Proposez des upsells **autant de fois que cela est pertinent.** L'agence de location de voitures proposait de nombreuses upsells. Le fastfood proposait de nombreuses upsells. Mes salles de sport proposaient de nombreuses upsells. Gym Launch proposait de nombreuses upsells. Proposez autant de solutions qu'il y a de problèmes que vous pouvez résoudre. Ne soyez pas timide. Si vous pouvez résoudre un problème, proposez votre aide. Le second risque qui puisse arriver, c'est qu'ils refusent. *Le pire serait qu'ils aient accepté, mais que vous ne leur ayez pas proposé.*

LE " MAGNÉTISME " DU MILIEU

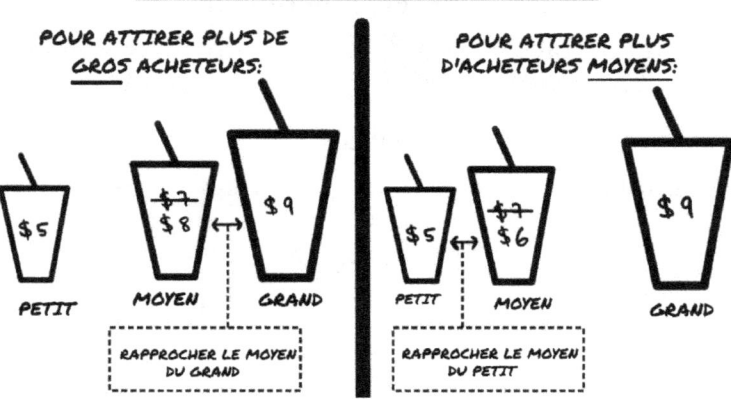

Comment augmenter *les ventes de produits similaires*

Si vous proposez deux articles et souhaitez en vendre un, ajoutez une troisième option pour inciter les clients à acheter celui que vous souhaitez leur vendre. Les cinémas utilisent cette technique avec les boissons et le pop-corn. Voici comment procéder :

Leur tarification Petit - Moyen - Grand fonctionne de la manière suivante :

A - Petit - 5 $
B - Moyen - 8 $ *(au lieu du prix rationnel de 7 $)*
C - Grand - 9 $

Résultat : davantage de personnes choisissent la grande taille. Les personnes qui choisissent la petite taille continueront de le faire. Les personnes qui choisissent la grande taille continueront également de le faire. *Cependant, les personnes qui choisissent habituellement la taille moyenne opteront probablement pour la grande taille.*

Si vous souhaitez inciter davantage de personnes à acheter l'option *moyenne*, vous devriez fixer le prix comme suit :

Petit - 6 $ *(plutôt que le prix rationnel de 5 $)*
Moyen - 7 $
Grande - 9 $

Résultat : cela incite davantage de personnes à acheter l'option moyenne, car désormais, *la plupart des personnes qui auraient normalement opté pour la petite option choisiront la moyenne.*

Conclusion : si vous avez de nombreux clients qui achètent des produits de petite taille, vous pouvez les orienter vers des produits de taille moyenne. Si vous avez de nombreux clients qui achètent des produits de taille moyenne, vous pouvez les orienter vers des produits de grande taille. Si vous avez de nombreux clients qui achètent des produits de grande taille, vous pouvez augmenter *l'ensemble* de vos prix.

Garanties, assurances et upsells. De nombreuses entreprises offrent des garanties sur leurs produits. De nombreuses entreprises offrent des assurances sur leurs produits. Vous pouvez proposer des upsells pour tous ces services. *Au lieu de les offrir gratuitement, ajoutez simplement 5 à 50 % au prix en échange d'une garantie que votre produit fonctionnera comme prévu.* Exemple : un studio photo avait l'habitude de remplacer gratuitement les portraits endommagés. Je leur ai suggéré de demander à leurs clients s'ils étaient prêts à payer un supplément de 10 % pour ce service. Aujourd'hui, 30 % des clients achètent ce que le studio photo offrait auparavant gratuitement. C'est du bénéfice pur et simple mon ami.

Résumé

- Votre offre d'attraction met en évidence un problème. Les upsells (tout ce que vous proposez ensuite) permettent de le résoudre.

- Utilisez l'upsell classique pour les problèmes immédiats révélés par votre offre précédente.

- Demander « Vous ne souhaitez rien d'autre, n'est-ce pas ? » incite les clients à accepter en répondant non. Cela fonctionne.

- Augmentez les chances que les clients acceptent les upsells en leur donnant accès à celles-ci dès que possible.

- Offrez des bonus qui créent une opportunité d'upsell. C'est un excellent moyen de générer plus de revenus.

- Pour multiplier les chances de réaliser des upsells auprès de vos clients, adoptez le mode de vie **FRCR (Fixez** un **Rendez-vous** lors de **Chaque Rendez-vous)**

- Vous pouvez proposer autant d'offres d'upsell que vous le souhaitez, à condition de résoudre les problèmes.

- Vous n'avez rien à perdre en proposant de résoudre le problème de quelqu'un.

- Si cela est pertinent pour votre entreprise, vous pouvez facturer les garanties ou les assurances plutôt que de les offrir gratuitement.

> **CADEAU GRATUIT :** Regardez la formation vidéo classique sur l'upsell [aucune inscription requise]
>
> La première technique d'upsell que tout le monde devrait apprendre est l'upsell classique. Il existe de nombreux petits conseils qui peuvent faire une grande différence. J'ai réalisé une formation vidéo pour m'assurer que vous ne manquiez aucun détail. Vous pouvez la visionner gratuitement sur acquisition.com/training/money. Code QR pour un accès rapide et facile.

Upsell « à la carte »

Vous n'avez pas besoin de ceci... vous avez besoin de cela

Décembre 2013.

Les gens continuaient à s'inscrire à la salle de sport comme d'habitude, mais personne ne s'intéressait à mes compléments alimentaires. J'avais lu quelque part que le fait de garder les étagères bien remplies incitait davantage les gens à acheter. J'ai donc rangé mes étagères avec toutes les étiquettes parfaitement alignées. Cela n'a pas fonctionné. J'avais également lu que si j'expliquais à tout le monde les aspects scientifiques intéressants, ils achèteraient. Cela n'a pas fonctionné non plus. J'ai obtenu quelques achats par compassion de la part de membres fidèles, mais je faisais manifestement quelque chose de mal. *Pourquoi je n'y arrive pas ?*

Lors d'une journée particulièrement difficile, j'ai eu dix-neuf consultations nutritionnelles, et personne n'a acheté quoi que ce soit. C'était décourageant. Puis, le vingtième rendez-vous est arrivé. Elle avait un joli sac à main et une grosse bague en diamant à la main. *Si je ne parvenais pas à lui vendre quoi que ce soit, je devrais simplement abandonner. Mais je me suis souvenu... J'avais 5 000 dollars de stock sur cette étagère, je devais trouver une solution !*

Nous avons procédé à sa consultation nutritionnelle et j'ai commencé à être nerveux. J'étais tellement nerveux que j'ai oublié mon script. Et plutôt que de discuter de sujets scientifiques, je lui ai simplement demandé : « Vous prenez un shake protéiné au petit-déjeuner, vous préférez le chocolat ou la vanille ? »

« Lequel préférez-vous ? » m'a-t-elle demandé.

« Chocolat. »

« Parfait. Je vais prendre celui-là. »

Attendez, que s'est-il passé ? Je n'ai pas parlé des bienfaits ni rien. Je lui ai simplement demandé ce qu'elle voulait... et elle me l'a dit ! Comprenant l'allusion, je suis passé à l'article suivant.

« Vous voulez une limonade au kiwi ou à la fraise avant votre entraînement ? » Puis je me suis souvenu de sa dernière question : « ... je préfères celle à la fraise. »

Elle a dit en souriant, « Parfait, je prendrai celle-là. »

J'avais d'autres produits, mais en vendre deux était déjà un record et je ne souhaitais pas la dissuader. Je devais encore lui demander de régler. J'ai donc pris son contrat d'adhésion, sur lequel figurait déjà sa carte, et lui ai demandé : « Voulez-vous payer avec la carte que nous avons enregistrée ? »

« Oui, parfait. »

Après cette conversation, j'ai réussi à vendre à vingt clients consécutifs. À la fin de la journée, j'ai observé mon étagère vide avec incrédulité. *Je sais comment vendre des compléments alimentaires.*

Conclusion : j'ai découvert deux stratégies qui ont transformé ma manière d'aborder l'upsell. Tout d'abord, l'upsell A/B : je demande *au client quel produit il préfère* plutôt *que s'il souhaite acheter un produit*. Ensuite, je lui demande *s'il souhaite utiliser la carte enregistrée dans notre système* plutôt que de lui demander de ressortir sa carte. J'utilise toujours ces deux stratégies aujourd'hui.

Août 2014.

À présent, je concluais des ventes à un rythme soutenu. Bing bang boom. Ce n'étaient pas exactement des montants considérables, mais je vendais régulièrement. Chaque mois, je formais un nouveau groupe de clients. Et, avec une régularité impressionnante, je réalisais des ventes supplémentaires de 5 000 à 10 000 dollars de compléments alimentaires. Pas mal pour une journée de travail!

Cependant, un jour, j'ai rencontré une dame qui ne cessait de poser des questions. Elle souhaitait obtenir davantage d'informations. Comment les prendre. Combien. Quand. À quelles heures. Que faire si elle était au travail. Que faire si elle était à la maison. Que faire si elle était à la salle de sport. Elle était très insistante. J'allais être en retard pour ma prochaine consultation. Finalement, j'ai simplement rédigé des instructions détaillées au dos d'un bout de papier. *Prenez-en-un le soir. Prenez-en deux après le déjeuner. Buvez ceci après votre séance d'entraînement. Et ainsi de suite.*

Je lui ai expliqué ce que j'avais écrit et lui ai demandé : « Est-ce clair? »

Elle acquiesça. « Merci! » Elle prit le document et quitta la pièce.

Ma patiente suivante avait entendu toute notre conversation. Dès qu'elle s'assit, elle me demanda : « Pourriez-vous me rédiger une ordonnance comme vous l'avez fait pour cette autre dame? » J'essayai de ne pas soupirer, mais *je n'y parvins pas*. J'allais *encore* être en retard pour ma prochaine consultation.

Cependant, j'ai suivi ses instructions. Cette fois-ci, j'ai inscrit les instructions directement sur le bon de commande. À côté de chaque article, j'ai indiqué la quantité à prendre et à quel moment. Et comme je ne souhaitais pas retarder mes rendez-vous de quinze minutes supplémentaires, j'ai simplement opté pour l'upsell.

« J'ai toutes vos instructions ici, souhaitez-vous payer avec la carte enregistrée dans nos dossiers? » lui ai-je demandé.

« Oui, je veux bien. »

Incroyable. Elle a acheté tous ces produits… et je ne lui ai même pas posé de questions.

Je lui ai conseillé, et elle l'a fait. Comme par magie.

J'ai appliqué cette méthode à partir de ce jour-là, et mes bénéfices sur 30 jours ont augmenté de manière significative.

Conclusion : j'ai appris que des instructions *détaillées* et *personnalisées* permettent de vendre davantage que des suggestions vagues et générales. J'appelle cela l'upsell à la carte.

Novembre 2016.

À cette époque, je me déplaçais pour aider d'autres personnes à lancer leur salle de sport. Cela impliquait également de vendre des compléments alimentaires. J'ai vendu à des milliers de personnes. Je voyais entre 40 et 50 personnes par jour. Deux personnes toutes les 30 minutes. 12 heures d'affilée. À moi seul, mes marathons de vente de compléments alimentaires couvraient le vol aller, mon hôtel *et* mes frais de publicité. Je suis devenu si performant que je n'avais plus rien à vendre. Aujourd'hui était l'un de ces jours.

Je venais de vendre à une dame les quatre derniers produits que j'avais en stock. Dans ce genre de situation, je vendais ce qu'il me restait au client suivant. Mais avant que je puisse lui présenter mon argumentaire, elle a demandé : « Puis-je avoir la même chose qu'elle ? » *Ouh la la.*

J'ai répondu : « Je suis désolé, je n'en ai plus. Cependant, vous pouvez trouver un produit similaire dans le magasin en bas de la rue pour environ 20 dollars de moins. Il n'est pas aussi efficace, mais il fera l'affaire pour le premier mois. Cela vous convient-il ? »

« Merci beaucoup, c'est gentil de m'aider. » Elle semblait très reconnaissante. Cela m'a fait plaisir. J'ai donc continué à déconseiller des achats.

« Pour cet autre article, c'est la même chose. Encore une fois, ce n'est pas aussi bien, mais cela vous permettra de tenir le premier mois. » Elle semblait très heureuse. Je ne pouvais plus m'arrêter. J'ai commencé à ne pas vendre des articles *que je n'avais de toute façon pas l'intention de lui vendre.*

« Vous n'essayez pas de prendre du poids, n'est-ce pas ? » ai-je plaisanté. « Oh non, bien sûr que non ! » a-t-elle répondu en riant.

« Très bien. Vous n'aurez pas besoin de ça », dis-je en barrant le nom du shake pour la prise de poids. « Oh, et vous n'essayez pas d'augmenter votre taux de testostérone, n'est-ce pas ? »

« Non, haha. Je ne pense pas », répondit-elle.

« Parfait. Vous n'aurez pas besoin de cela non plus. » Je l'ai barré. Puis, j'ai commencé à lui faire des suggestions à partir de ce qui me restait. « Très bien. Vous devrez donc prendre deux de ceux-ci... trois de ceux-là... » et j'ai continué. Elle a apprécié *et a acheté sans hésiter.*

Conclusion : j'ai pris la peine de barrer ce dont elle n'avait pas besoin. Cela m'a permis de gagner suffisamment de confiance pour lui vendre des *produits supplémentaires*. Par la suite, j'ai conservé des produits *uniquement pour les barrer !* J'appelle ce processus la « dé-vente ».

Explication

Dans une upsell à la carte, vous indiquez aux clients les options dont ils n'ont pas besoin. Ensuite, vous leur indiquez ce dont ils ont besoin, leurs préférences *et* comment en tirer profit. Les upsells à la carte combinent jusqu'à quatre tactiques : la désincitation à l'achat, l'upsell à la carte, l'upsell A/B et la carte enregistrée.

Tout d'abord, je <u>dé-vends</u> ce dont les clients n'ont pas besoin.

Ensuite, je leur <u>prescris</u> ce dont ils ont besoin.

Troisièmement, je leur demande leurs préférences entre <u>A et B</u>.

Enfin, je facilite l'achat en leur proposant d'utiliser la <u>carte enregistrée</u>.

Dé-vendre. Vous désincitez à l'achat en indiquant aux clients ce dont ils n'ont pas besoin afin de mettre l'accent sur ce dont ils ont besoin. Ici, au lieu de leur demander s'ils souhaitent acheter ou non, vous leur expliquez ***ce dont ils n'ont pas besoin*** afin de ***les enthousiasmer pour ce dont ils ont besoin***. Les désincitations à l'achat varient en fonction des besoins du client. Lorsque certaines options sont les plus adaptées, vous pouvez éliminer les autres. Après leur avoir indiqué ce dont ils <u>n'ont pas besoin</u>...

L'upsell à la carte. Nous leur indiquons ce <u>dont</u> ils <u>ont</u> besoin. L'upsell à la carte est efficace lorsque proposer un choix n'est pas pratique et que vous n'avez qu'une seule solution pour résoudre le problème. L'upsell à la carte comporte deux éléments importants. Tout d'abord, vous devez expliquer comment elle s'intègre aux offres qu'ils ont déjà achetées. Ensuite, vous personnalisez et détaillez comment maximiser sa valeur. Ici, au lieu de ***leur*** demander s'ils souhaitent l'acheter ou non, vous ***leur*** expliquez ***comment l'utiliser*** comme s'ils l'avaient déjà. Une fois encore, nous supprimons l'option de ne pas acheter afin de réduire le risque qu'ils n'achètent pas. Et une fois que je leur ai expliqué exactement comment ils vont utiliser le produit...

Upsell A/B. Nous leur demandons leurs préférences. Les upsells A/B fonctionnent pour *plusieurs offres qui résolvent le même problème*. Vous effectuez des upsells A/B en demandant leurs préférences. Au lieu de demander aux clients *s'*ils souhaitent acheter un produit, oui ou non, nous leur demandons quel produit ils ***préfèrent :*** A ou B. Les deux options conduisent à une upsell. En substance, lorsque vous offrez aux clients la possibilité de ne pas acheter, certains choisissent de ne pas le faire. Par conséquent, je leur propose de choisir entre deux articles similaires. Une fois qu'ils savent ce qu'ils achètent et comment ils vont l'utiliser, je leur suggère le moyen de paiement le plus simple...

Carte enregistrée. La cerise sur le gâteau de toutes ces upsells. Je demande littéralement : « Souhaitez-vous utiliser la carte enregistrée ? » Ici, au lieu de demander s'ils souhaitent payer ou non, vous *faites* référence aux moyens dont ils disposent déjà. Cela incite davantage de personnes à acheter, car cela réduit les « coûts cachés » de l'achat. Choisir la carte à utiliser. La sortir. Se rappeler les mauvaises décisions d'achat prises par le passé. Même la difficulté d'acheter des articles à la hâte… et qui sait combien d'autres encore. Sachez simplement que si vous facilitez l'achat pour les clients, davantage de personnes achèteront.

<u>Il m'a fallu dix ans pour apprendre cela.
J'espère que vous le comprendrez en dix minutes.</u>

Exemples

<u>Massothérapeute</u>

- *Dé-vente :* Nous proposons des massages lymphatiques, mais vous n'êtes pas enceinte et vous ne venez pas de subir une intervention chirurgicale, n'est-ce pas ? Nous pouvons donc écarter cette option.

- *Ordonnance :* Comme vous avez mal à l'épaule, nous allons d'abord vous chauffer, puis nous allons travailler sur vos points cibles, et ensuite, nous ferons quelques étirements dynamiques.

- *A/B :* Préférez-vous le faire avant le travail ou sur le chemin du retour ?

- *Carte enregistrée :* Voulez-vous simplement utiliser la carte enregistrée ?

<u>Nourriture pour chien</u>

- *Dé-vente :* Vous n'aurez pas besoin de ce petit sac ni de ces produits pour chiots, vous avez un grand chien ! Vous n'avez pas besoin non plus de ces vitamines, car la nourriture en contient déjà.

- *Ordonnance :* Il est également recommandé de donner à votre chien l'un de ces comprimés pour les articulations à chaque repas. Et tous les 90 jours, donnez-lui l'un de ces comprimés contre la dirofilariose. Veuillez également vous assurer de le ramener le mois prochain. Nous allons prendre rendez-vous dès maintenant.

- *A/B :* Votre chien préfère-t-il le bœuf ou le poulet ?

- *Carte enregistrée :* Voulez-vous payer avec la carte enregistrée ?

Produit numérique

- *Dé-vente:* Vous n'avez pas encore besoin des huit cours. Vous devez simplement résoudre les problèmes X, Y et Z. Voici ce que je vous propose : je vous enverrai des ressources gratuites qui vous aideront à résoudre les problèmes X et Y. Ensuite, vous n'aurez besoin que d'un seul cours pour résoudre le problème Z…

- *Ordonnance:* Cependant, pour résoudre Z, il est fortement recommandé de suivre le cours de *cette* manière particulière. Pouvez-vous y consacrer une heure par jour ? Très bien, parfait. Cela évitera que d'autres problèmes Z ne surviennent plus tard.

- *A/B:* Préférez-vous une assistance par message direct ou par téléphone ? Très bien. Souhaitez-vous commencer aujourd'hui ou lundi ?

- *Carte enregistrée:* Excellent. Souhaitez-vous utiliser la carte enregistrée ?

> **Conseil de pro:** « Carte enregistrée » pour les premiers achats — *Quelle carte souhaitez-vous utiliser ?*

Points importants :

Rendez tout commercialisable en A/B. Vous pouvez transformer *n'importe quel produit* en une offre A/B. Voici quelques suggestions : quantité (souhaitez-vous une bouteille ou deux ?), dates de début (demain ou lundi ?), mode de paiement (espèces ou carte ?), saveurs (chocolat ou vanille ?), plages horaires (matin ou après-midi ?), support (à lire ou à écouter ?), délais de livraison (standard ou express ?), tailles (petit ou moyen ?), couleurs (noir ou blanc ?), matériaux (papier ou plastique ?), personnel (John ou Sara ?), communication (appel ou SMS ?). Avec un peu de créativité, vous pouvez transformer *n'importe quel* produit en une offre A/B.

Si vous faites une offre A/B, ajoutez un petit coup de pouce. Si vos clients ont une expérience limitée de vos produits ou services, encouragez-les. « *C'est mon préféré* » ou « *X est généralement un choix* sûr » ou « *beaucoup de gens l'adorent* » ou « *les séances du mardi sont un peu moins fréquentées, si cela vous intéresse* » ou « *Amy est très douée avec les lycéens* ». Ces petites phrases contribuent vraiment à faire progresser les ventes. (Astuce : si vous souhaitez vendre plus rapidement un produit en particulier, *encouragez* davantage son achat).

Si vous êtes en rupture de stock, veuillez accepter le paiement et retarder la livraison. Plus tard, j'ai appris que je pouvais simplement vendre les articles, les commander et indiquer la date de livraison prévue. Cela m'a permis de vendre beaucoup plus de produits, car je n'avais pas besoin de gérer de stock. Si vous êtes en rupture de stock, envisagez simplement d'encaisser le paiement et de modifier les délais de livraison prévus. Vous serez surpris de constater à quel point cette méthode est efficace.

Les employés apprécient la désincitation à la vente. Les employés *aiment* souvent aider les clients à « contourner le système ». *Permettez-leur de le faire.* Encouragez les employés à aider les clients à contourner le système de manière intentionnelle. Vos employés disposent d'informations privilégiées, alors permettez-leur de montrer aux clients comment tirer le meilleur parti de ce que vous avez à offrir. Tout le monde y gagne.

Consultez le chapitre « La stratégie de l'économiste » ci-contre pour une explication visuelle.

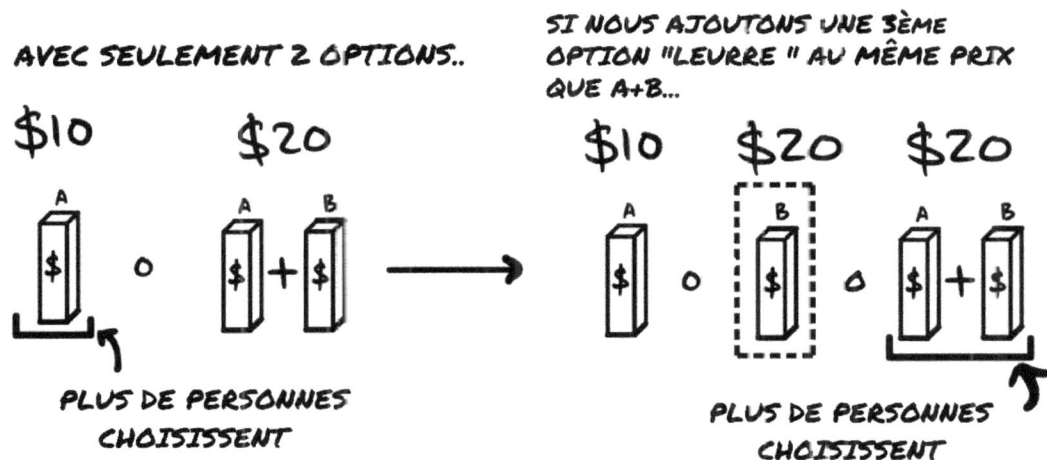

Si vous avez deux options et que vous voulez que les clients achètent les deux

À la fin des années 1990, le magazine *The Economist* a commencé à proposer un abonnement numérique, car de plus en plus de personnes s'informaient en ligne. Cependant, il souhaitait également conserver son abonnement papier, très rentable. Pensant que les lecteurs achèteraient les deux, *The Economist* a proposé les offres suivantes :

A- Abonnement numérique : 59 $/an
B- Abonnement numérique+ abonnement papier : 125 $/an

Résultat : les ventes de la version papier *ont chuté*, les clients ayant opté pour l'option la moins chère.

Pour remédier à cela, ils ont ajouté une option leurre *au même prix* que l'offre groupée :

A- Abonnement numérique : 59 $/an
B- Abonnement papier : 125 $/an
C- Abonnement papier + abonnement numérique : 125 $/an

Résultat : les clients ont désormais opté pour l'option C - Abonnement numérique et papier à 125 $ par an.

Conclusion : présentez trois options. Option A, option B et option C (les deux)... mais fixez le prix de (C) au même niveau que celui de l'option la plus chère (B). Tant que vous fixez le prix des options de manière à préserver vos marges, vous facilitez le choix du client *et vendez les deux*.

Points à retenir

- Les upsells fonctionnent mieux lorsque vous proposez plusieurs offres.
- Les upsells à la carte combinent jusqu'à quatre tactiques :
  - <u>Désincitation à l'achat (dé-vente)</u> : vous indiquez aux clients ce dont ils n'ont pas besoin.
  - <u>Ordonnance</u> : Vous leur indiquer ce dont ils ont besoin.
  - <u>Offre A/B</u> : Demandez-leur ce qu'ils préfèrent.
  - Enfin, facilitez l'achat en leur demandant s'ils souhaitent utiliser la <u>carte enregistrée</u>.
- En évitant de vendre des articles à faible marge lorsque cela est approprié, vous encouragez les upsells à marge plus élevée.
- Encouragez les employés à ne pas vendre et à « exploiter le système » de manière intentionnelle.
- Orientez les nouveaux clients vers ce qui leur convient le mieux.

CADEAU GRATUIT : Regardez la formation sur l'upsell

Je donne rarement des ordres. Faites-le, c'est tout. Regardez la vidéo. Je peux vous donner une formation de haut niveau sur cette technique d'upsell. Elle m'a rapporté des millions. Point. Rendez-vous simplement sur acquisition.com/training/money. Oui, c'est gratuit. Non, vous ne le regretterez pas. Code QR pour un accès facile et rapide.

Upsell d'ancrage

La seule chose pire que de proposer une offre à 1 000 $ à quelqu'un ayant un budget de 100 $... c'est de proposer une offre à 100 $ à quelqu'un ayant un budget de 1 000 $.

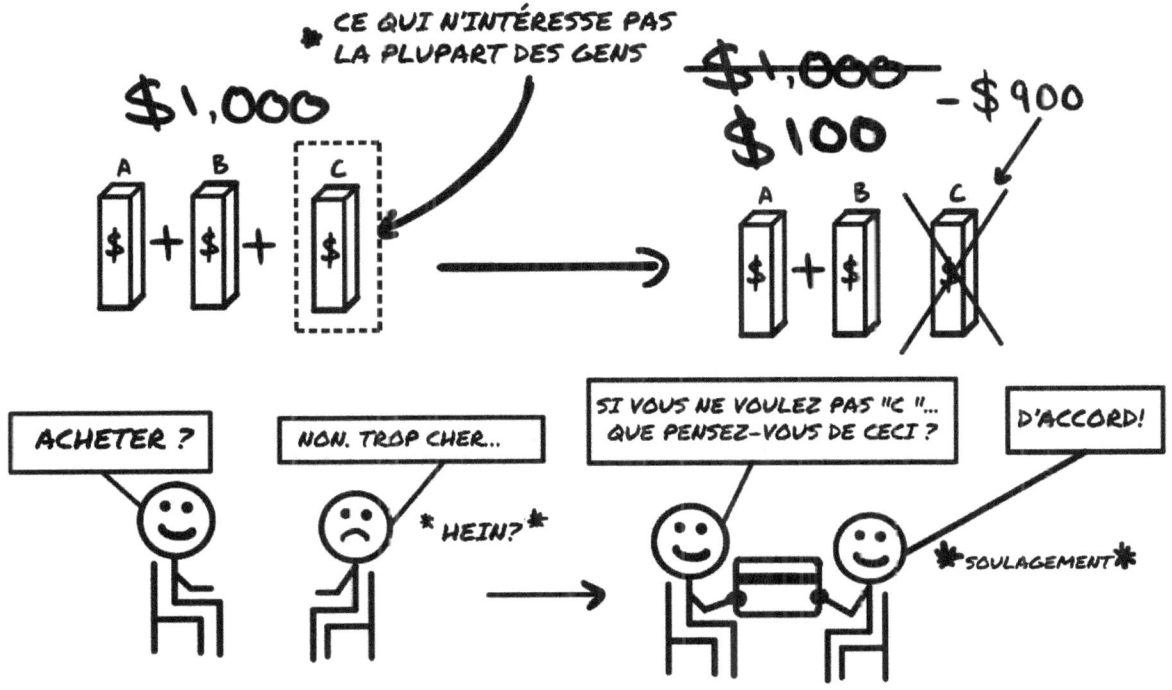

2016. Après avoir lancé Gym Launch, mais avant de générer des revenus.

J'avais passé les cinq dernières années sans prendre de douche, vêtu d'un sweat-shirt et d'un débardeur. Cependant, j'avais désormais Gym Launch, et un ami qui s'y connaissait en mode m'a conseillé d'adopter une apparence plus professionnelle. « Les hommes d'affaires ne portent pas de débardeurs, Alex. Je connais le propriétaire d'un magasin de costumes local. Je lui dirai que tu vas passer. » J'ai suivi son conseil et je m'y suis rendu.

J'ai donc prévu un budget de 500 dollars pour un costume, ce qui représentait une somme importante à l'époque. Je me suis rendu dans un magasin de costumes et j'ai échangé quelques mots avec le propriétaire. Il était au courant de ma visite. Je lui ai expliqué que je venais de lancer une nouvelle entreprise et que je voulais un « costume professionnel ». Il a pris mes mesures, puis a sélectionné deux costumes sur le portemanteau. J'ai essayé le premier.

« Comment le trouvez-vous ? Comment vous sentez-vous ? »

J'ai souri. *Je me sentais bien.* Comme un homme fortuné. C'était agréable. Il a évoqué quelques accessoires, mais je n'ai pas prêté beaucoup d'attention. J'étais trop « cool » pour écouter à ce moment-là (ha!). *Je vais avoir l'air classe.* Il s'est tourné pour parler à un employé. J'ai retourné l'étiquette de prix pour pouvoir la voir...

... *16 000 dollars.* Je suis devenue rouge. Tout ce à quoi je pensais, c'était que *mon ami avait demandé au propriétaire de me consacrer du temps et que je ne pouvais même pas m'offrir quoi que ce soit ici.* J'étais consternée. J'ai gardé la tête baissée pour essayer de cacher mon choc. J'ai pris une inspiration et j'ai levé les yeux. J'ai échoué. Il m'avait vue rougir.

Pour m'aider, il m'a demandé : « Vous vous intéressez beaucoup à la marque ? »

« Pas du tout. »

Avant même que j'aie fini de répondre, le propriétaire s'est retourné et a posé le costume suivant sur mes épaules. « Essayez celui-ci pour voir s'il vous convient », m'a-t-il dit.

Je me suis regardé dans le miroir. *Il me va bien.*

Puis j'ai regardé l'étiquette... *2 200 $.*

Ce n'était pas 500 dollars, mais ce n'était pas non plus 16 000 dollars. J'ai poussé *un soupir de soulagement.*

« Oui. Ça me convient. Je vais prendre celui-ci. »

Il m'a fait un clin d'œil et a hoché la tête. « C'est noté, monsieur. »

Le propriétaire m'a vendu des chaussettes, un mouchoir et une chemise assortie. Au total, cela m'a coûté 300 dollars supplémentaires.

Cependant, après avoir vu le prix de 16 000 dollars du premier costume, *tout* me semblait bon marché.

***

Avec le recul, ce n'était pas la première fois que le propriétaire utilisait cette technique. C'était un véritable professionnel. J'ai dépensé cinq fois plus que ce que j'avais prévu et cela ne m'a pas dérangé. Ce n'est que plus tard que j'ai compris qu'il avait utilisé une technique *de « prix d'ancrage ».*

Explication

Avec l'upsell d'ancrage, vous proposez d'abord des produits haut de gamme. Si le client hésite, vous lui proposez une alternative moins coûteuse mais tout aussi acceptable.

En substance, si vous présentez votre offre principale, *certaines* personnes l'achèteront. Évidemment. Cependant, si vous proposez d'abord une version premium cinq à dix fois plus chère, de nombreuses personnes refuseront. Ensuite, lorsque vous présenterez votre offre principale, elle semblera *beaucoup plus avantageuse*. Ainsi, davantage de personnes l'achèteront. Voilà le pouvoir des upsells d'ancrage.

Les upsells d'ancrage fonctionnent mieux lorsque l'offre à prix réduit présente les mêmes *fonctionnalités essentielles* que l'offre haut de gamme. Par exemple, je n'accordais pas beaucoup d'importance à la marque. J'avais simplement besoin d'un costume. Ainsi, comparé au costume à 16 000 dollars, celui à 2 200 dollars représentait une *bien meilleure affaire*.

Les upsells d'ancrage présentent également deux avantages considérables. Premièrement, les clients influencés par l'ancrage dépensent plus qu'ils ne le feraient normalement. Deuxièmement, *certains clients achètent tout de même le produit très coûteux*.

Voici les étapes à suivre :

1) Présentez l'ancrage, c'est-à-dire le produit vraiment cher.

2) Attendez-vous à ce que le client soit surpris par le prix.

3) Venez à la rescousse : demandez-lui s'il accorde de l'importance à *ce qui rend ce produit haut de gamme*.

4) Présentez votre offre principale — attendez-vous à ce que le client se sente soulagé et comprenne qu'il s'agit d'une *meilleure offre*.

5) Demandez-lui comment il souhaite payer : *quelle carte préférez-vous ?*

> **Conseil de pro: La seule chose pire que de proposer 1 000 $ à une personne ayant un budget de 100 $, c'est de proposer 100 $ à quelqu'un ayant un budget de 1 000 $.**
>
> Dans le premier cas, vous perdez 100 $. Dans le second, vous perdez 900 $. J'ai perdu de nombreux clients et des sommes considérables *parce que* les clients souhaitaient plus que ce que j'avais à offrir. C'est regrettable. C'est pourquoi je propose désormais systématiquement des upsells haut de gamme. Seule une poignée de clients les achètent, mais cette poignée de clients génère *d'importants bénéfices*. Proposez donc toujours des offres haut de gamme, *même si la plupart des gens ne les achètent pas*. N'oubliez pas que vous ne perdrez pas de clients en proposant d'abord des produits haut de gamme, *mais vous perdrez de l'argent si vous ne le faites pas*.

Exemples

Service local: entretien de pelouses

Ancrage Premium: obtenez mon numéro de téléphone portable, du paillis de qualité, un antiparasitaire naturel, un entretien bihebdomadaire de votre jardin — 1 000 $ par semaine

Offre principale: obtenez le numéro de mon équipe, paillis générique, lutte antiparasitaire standard, entretien bihebdomadaire du jardin — 200 $ par semaine

Produit physique: une peinture

Ancrage Premium: Emballage ultra-protecteur+ Assurance 20 ans+ Papier cadeau = 1 000 $

Offre principale: Emballage standard+ Assurance d'un an+ Autocollant= 200 $

Produit numérique: Newsletter

Ancrage Premium: Tous les numéros précédents+ Nouveaux numéros+ 24 heures de délais en moins = 199 $/mois

Offre principale: Nouveaux numéros uniquement+ délais standards= 19 $/mois

Points importants

Si vous considérez l'ancrage comme une stratégie peu crédible, le client fera de même. Certaines personnes entendent parler de cette technique, l'essaient, minimisent l'offre premium, *puis concluent qu'elle ne fonctionne pas*. Cependant, en agissant ainsi, la personne n'a jamais réellement envisagé l'offre, car vous ne l'avez jamais vraiment proposée. Vous *avez fait semblant*. Pour que cela fonctionne, vous devez réellement la vendre et ils doivent réellement l'envisager. Ce n'est qu'après qu'ils aient marqué une pause, hésité ou demandé autre chose que vous passez à l'étape suivante.

Proposez une offre premium que vous souhaitez réellement que les gens achètent. Un de mes amis a rencontré des difficultés pour y parvenir. Il m'a suffi d'écouter un seul appel pour comprendre le problème. Il avait élaboré une offre peu convaincante qu'il ne souhaitait pas vraiment vendre. Nous avons donc modifié l'offre pour qu'il soit réellement satisfait de la proposer si quelqu'un l'achetait... et c'est ce qui s'est produit. *Ses bénéfices ont triplé*. Présentez votre offre premium comme si vous *souhaitiez* réellement que les gens l'acceptent. Si vous le faites, certains le feront. Et s'ils ne le font pas, vous aurez tout de même réussi à les fidéliser.

Un ancrage efficace provoque une réaction type « Hein? ». Lorsque vous réalisez correctement une upsell d'ancrage, les clients peuvent ressentir de légères angoisses. J'appelle cela « un halètement ». Au début, les halètements me stressaient considérablement. Cependant, j'ai ensuite réalisé quelque chose d'important. Plus le halètement était intense, plus les clients achetaient.

Une fois que vous avez provoqué la surprise, intervenez pour aider. Dans cette histoire, j'ai provoqué la surprise. Ensuite, le vendeur professionnel a préservé mon ego en me demandant si la marque m'intéressait. Lorsque j'ai répondu non, il m'a présenté le costume suivant. Point clé: il avait déjà sorti le costume à 1/8e du prix avant même que je réagisse. Il *savait que* j'allais probablement avoir le souffle coupé. Et si vos clients n'ont pas le souffle coupé, c'est probablement qu'ils trouvent votre offre premium raisonnable... alors demandez-leur simplement s'ils souhaitent utiliser la carte enregistrée (ha! Allez-y!). Évitez simplement d'avoir vous-même le souffle coupé lorsqu'ils répondent oui. De rien. Vous pourrez m'offrir une bière plus tard!

Pour inciter davantage de personnes à acheter votre offre principale, améliorez-la. Modifiez légèrement quelques caractéristiques de votre offre premium pour créer votre offre principale. Chaque offre possède des caractéristiques. Certaines sont plus importantes que d'autres. Les caractéristiques principales doivent rester identiques. Les caractéristiques secondaires intéressent moins de personnes, *vous pouvez donc les modifier*. Cela permet aux clients de bénéficier des mêmes caractéristiques principales, mais à un prix plus avantageux.

La plupart des personnes souhaitent simplement un costume. Quelques personnes souhaitent un costume sophistiqué. Le costume est la caractéristique principale. Le tissu, la marque, etc. sont secondaires. Après l'ancrage, proposer les caractéristiques principales pour un cinquième du prix rend l'offre principale *très intéressante*.

Points à retenir

- Si vous présentez une offre plus coûteuse avant une offre moins coûteuse, davantage de personnes choisiront l'offre moins coûteuse que si vous aviez présenté uniquement cette dernière.

- Présentez l'ancrage. Suscitez la surprise. Venez à la rescousse. Présentez l'offre principale. Demandez le paiement.

- Pour un ancrage plus efficace, proposez une offre premium 5 à 10 fois plus chère.

- Les clients ancrés dépensent un peu plus que ce qu'ils avaient prévu.

- Ne considérez pas l'ancrage comme une arnaque, sinon le client fera de même. Vous perdrez sa confiance et perdrez du temps.

- Important : certains clients achèteront l'offre premium.

- Les offres premium coûteuses génèrent des profits considérables avec moins de ventes.

- L'offre principale et l'offre premium doivent présenter les mêmes caractéristiques principales.

- L'offre premium présente des bonus secondaires différentes, d'où le terme « premium ».

- Après l'ancrage, proposer les fonctionnalités principales pour un cinquième du prix rend l'offre principale très intéressante. Elle leur offre « essentiellement la même chose » pour beaucoup moins cher.

CADEAU GRATUIT : Formation sur l'upsell d'ancrage

Cela peut vous aider à réaliser des profits considérables du jour au lendemain. Cela peut véritablement changer votre vie. J'ai réalisé une vidéo supplémentaire à ce sujet pour vous. Ne vous inquiétez pas, elle est gratuite. Vous pouvez la visionner sur acquisition.com/training/money. J'ai ajouté un code QR pour un accès rapide et facile.

Upsells reportées

Souhaitez-vous simplement l'étalonner ?

Juin 2014.

Au cours de l'année écoulée, j'ai proposé une offre de remboursement (offre d'attraction n° 1) dans ma salle de sport. Il s'agissait d'un programme de remise en forme à 600 dollars qui permettait aux membres de se faire rembourser *s'ils atteignaient leur objectif*. Cette offre a rencontré un grand succès. J'en ai vendu un nombre considérable.

Cependant, il y avait un problème. Les salles de sport de qualité génèrent des revenus d'abonnement importants. *Je n'en avais aucun.* La plupart des gagnants utilisaient leurs 600 dollars pour s'abonner trois mois. Très bien. Mais ensuite, ils se désabonnaient avant leur premier paiement. En fait, je vendais « six semaines d'abonnement pour trois mois gratuits ». Puis, ils partaient. Ce n'était pas satisfaisant.

Ces 600 dollars constituaient ma *seule* source de revenus. Ainsi, même si j'avais réussi à attirer un certain nombre de clients, mes revenus repartaient de zéro chaque mois. C'était stressant. Je devais trouver un moyen plus efficace d'augmenter mes bénéfices.

C'est alors que mon ami Justin a publié un message expliquant comment il avait augmenté ses revenus d'abonnements de cent membres *supplémentaires*. Il avait également attiré des clients grâce à une offre de remboursement. Cependant, il y avait une différence : mes clients sont partis, tandis que *les siens ont continué à acheter*. J'ai donc décidé de me rendre sur place pour observer son approche. Il était tout à fait d'accord. J'ai passé deux jours là-bas. Lui et moi avions des méthodes différentes, mais rien qui expliquait pourquoi il obtenait de meilleurs résultats que moi.

« Est-ce que beaucoup de personnes récupèrent leur argent ? »

« Oui », répondit-il.

« Comment fais-tu alors avec tout ce temps libre perdu ? »

« Du temps libre ? Ha ! *J'étale* simplement leurs gains sur un abonnement d'un an. »

« Quoi ? »

« Oui, nous devons procéder ainsi afin de répartir l'argent. »

Répartir l'argent ? De quoi parles-tu ?

« Sérieusement ? Quoi, tu leur donnes tout d'un coup ? » Il n'a pas attendu ma réponse.

« Nous leur offrons simplement une réduction de cinquante dollars par mois pendant un an. »

« Donc, même s'ils ont récupéré leur argent, *ils commencent à payer immédiatement ?* »

« Bien entendu. Je ne souhaite pas que les gens ne paient pas. Quel type d'entreprise n'a pas de clients qui paient ? » Il a ri. « Ils récupèrent quand même leur argent... cela prend simplement un an. »

Boom. C'était ça. Le chaînon manquant de mon Modèle d'Argent.

***

Cette *simple* chose, l'upsell reportée, a changé ma vie, celle de milliers de propriétaires de salles de sport et celle de nos clients. L'upsell reportée a *tout* changé.

Désormais, au lieu *d'espérer que* les clients dépensent à nouveau de l'argent, je transfère le coût de ce qu'ils viennent d'acheter *vers le prochain achat*. Et lorsqu'il est associé à des offres plus coûteuses, cela fait exploser les bénéfices sur 30 jours.

Et bien que j'aie appris la technique d'upsell reportée de cette manière, vous n'avez pas besoin d'une offre « RÉCUPÉREZ VOTRE ARGENT » pour l'utiliser. <u>Vous pouvez appliquer</u> l'upsell reportée <u>à n'importe qui et à n'importe quoi</u>. (Même à des articles achetés auprès d'autres entreprises... Ha haha).

Explication

Les upsells reportées créditent tout ou partie des achats précédents d'un client sur votre prochaine offre. Et d'après mon expérience, cela incite *beaucoup plus* de personnes à accepter. Ainsi, une fois que je sais quel crédit accorder, je détermine trois éléments : à *qui* proposer l'upsell, *quoi* proposer et *comment* reporter le crédit.

Pour « *qui* », j'utilise les upsells reportées dans quatre situations :

Premièrement, pour réengager les clients qui sont partis il y a quelque temps.

Deuxièmement, pour récupérer les clients mécontents, ce qui est une meilleure alternative au remboursement.

Troisièmement, pour « récupérer » les clients mécontents *d'autres personnes*.

Quatrièmement, pour proposer des upsells aux clients réguliers.

Pour « quoi », n'oubliez pas que vous pouvez proposer *une upsell de ce qu'ils viennent d'acheter, d'un produit de meilleure qualité* ou *d'un produit nouveau et différent*. Pour générer des revenus : transférez leur crédit vers un produit plus coûteux.

Pour « comment », vous pouvez appliquer tout ou partie de la remise dès le départ ou l'étaler dans le temps.

Exemples d'upsells reportées

Ostéopathe : *retrouver d'anciens patients grâce à une campagne de « reconquête »*.

Qui : Clients ayant effectué leur dernier achat il y a six mois. Quoi : Nouveau forfait. Comment : Directement.

Contactez vos anciens patients. Consultez leur historique d'achat. Proposez-leur d'utiliser tout ou partie de leurs achats passés pour acquérir un produit plus coûteux que celui qu'ils ont acheté précédemment.

Exemple : « *Bonjour Madame Banks, je souhaitais vous restituer votre argent, auriez-vous un moment ? Parfait. Je souhaitais prendre de vos nouvelles concernant votre mal de dos. Je suis désolé d'apprendre cela. J'ai une bonne nouvelle à vous annoncer. En guise de remerciement, je souhaite vous restituer 500 $ de votre argent sous forme de crédit afin que vous puissiez rester sans douleur pour de bon. Cela vous intéresse-t-il ? Parfait... nous allons vous inscrire...* »

Dentiste : *Récupérez votre client mécontent grâce à une upsell reportée*

Qui : client mécontent Quoi : blanchiment des dents Comment : crédit initial de 200 $.

La personne paie 200 $ pour un nettoyage dentaire, mais estime que ses dents ne sont pas plus blanches. Nous lui expliquons qu'il est nécessaire d'investir davantage pour obtenir de meilleurs résultats et lui proposons un forfait de blanchiment dentaire comprenant plusieurs séances, un kit à domicile et plusieurs nettoyages en profondeur. Nous lui proposons de créditer les 200 $ qu'elle a payés pour le nettoyage sur le forfait de blanchiment.

Logiciel : *récupérer (*hum hum* voler) les clients mécontents d'autres entreprises*

Qui : les clients des concurrents Quoi : contrat de service Comment : transférer les coûts pour rompre l'ancien contrat.

Identifiez les clients mécontents de vos concurrents et créditez leurs anciens achats chez eux pour un nouvel achat chez vous. Transférez le montant qu'ils leur doivent sous forme de crédit vers un contrat plus long avec vous.

Exemple : *« Bonjour John, j'ai vu votre avis négatif sur leur produit et cela m'a vraiment contrarié. Pour me rattraper, je créditerai tous les paiements que vous leur devez afin que vous puissiez venir chez nous. De cette façon, vous ne perdez rien et vous commencez à bénéficier des avantages dès maintenant. Cela vous convient-il ? »*

Adhésion : étaler le premier achat sur une *période donnée*

Qui : clients actuels Quoi : adhésion de 12 mois Comment : étaler le premier achat.

Une personne achète un petit pack de services ou une période d'abonnement. Dès qu'elle le fait, vous pouvez lui proposer d'appliquer le montant total à une période plus longue, par exemple 12 mois. Je peux effectuer l'upsell reportée à tout moment, mais je préfère le faire immédiatement. Lorsque vous le faites, vous prenez le coût du premier achat et l'appliquez sous forme de remise sur le contrat plus long. Par exemple, un premier achat de 600 $ donne droit à une remise de 50 $ par mois pendant 12 mois.

Points importants.

Utilisez les upsells reportées pour attirer de nouveaux clients. Par exemple, vous pouvez reporter tout ou partie de ce que les clients ont payé à quelqu'un d'autre *vers votre produit*. Vous pouvez trouver des prospects pour cela en récupérant les coordonnées des avis négatifs sur les produits, lorsqu'ils sont disponibles. Vous obtenez ainsi une nouvelle liste de prospects intéressés par ce que vous proposez. Bonus : créez un moyen pour les gens de se plaindre des produits de votre secteur (pensez à tous les médias où les gens peuvent laisser des commentaires). Ensuite, proposez-leur à tous une offre de report. Astucieux.

Proposez des upsells reportées *avant* de procéder au remboursement. Cela m'a permis de conserver de nombreux clients et d'économiser beaucoup d'argent. Si vous n'avez pas satisfait le client (cela peut arriver), proposez-lui une nouvelle opportunité. Et s'il souhaite un produit différent, reportez son achat vers ce produit.

Les anciens clients restent des clients. Proposez-leur des upsells. Contactez les anciens clients (qui n'ont pas effectué d'achat depuis plus de six mois). Vérifiez combien ils ont payé auparavant. Déterminez le montant que vous êtes prêt à leur accorder. Proposez-leur cette offre. Mettez cela en pratique. J'ai appelé cela des « campagnes de reconquête ». J'ai réalisé des vidéos personnalisées pour 200 anciens clients, leur offrant un crédit de 4 000 dollars pour les inciter à revenir. Environ 20 % d'entre eux ont accepté l'offre. Une journée passée à enregistrer des vidéos nous a permis de générer environ 1 900 000 dollars de revenus supplémentaires par an. Cela en valait la peine.

Ajoutez un sentiment d'urgence aux upsells reportées. Proposez-les en offre unique. Si vous êtes audacieux, faites en sorte que le moment où vous présentez l'offre soit le moment où il faut la saisir. Une offre unique dans la vie d'un client. *Ils ne peuvent pas y réfléchir pendant la nuit.* Et oui, je sais qu'ils ne s'y attendent peut-être pas. C'est justement le but! Vous souhaitez surprendre et ravir. Donc, s'ils souhaitent bénéficier du crédit, ils doivent l'accepter *immédiatement*. Sinon, ce n'est pas grave. Ils peuvent toujours payer le prix total plus tard.

Comment fixer le prix de votre upsell reportée. Pour générer des bénéfices sur une offre à prix réduit, il est essentiel de conserver une marge bénéficiaire après application de la remise. Étant donné que je privilégie la rentabilité, je m'efforce de proposer une upsell reportée au moins quatre fois supérieure au crédit de renouvellement. Ainsi, même si j'applique le montant total du premier achat, la remise *ne dépasse pas* 25 %. N'oubliez pas que les règles de remise s'appliquent. Des remises plus importantes réduisent votre bénéfice par vente, mais elles génèrent plus de ventes.

Il n'est pas nécessaire de créditer la totalité du montant de leur premier achat. Vous pouvez reporter tout ou partie du montant du premier achat, selon votre choix. Je reporte le montant qui, selon moi, les incitera à effectuer un nouvel achat. Testez différentes options pour trouver le juste équilibre.

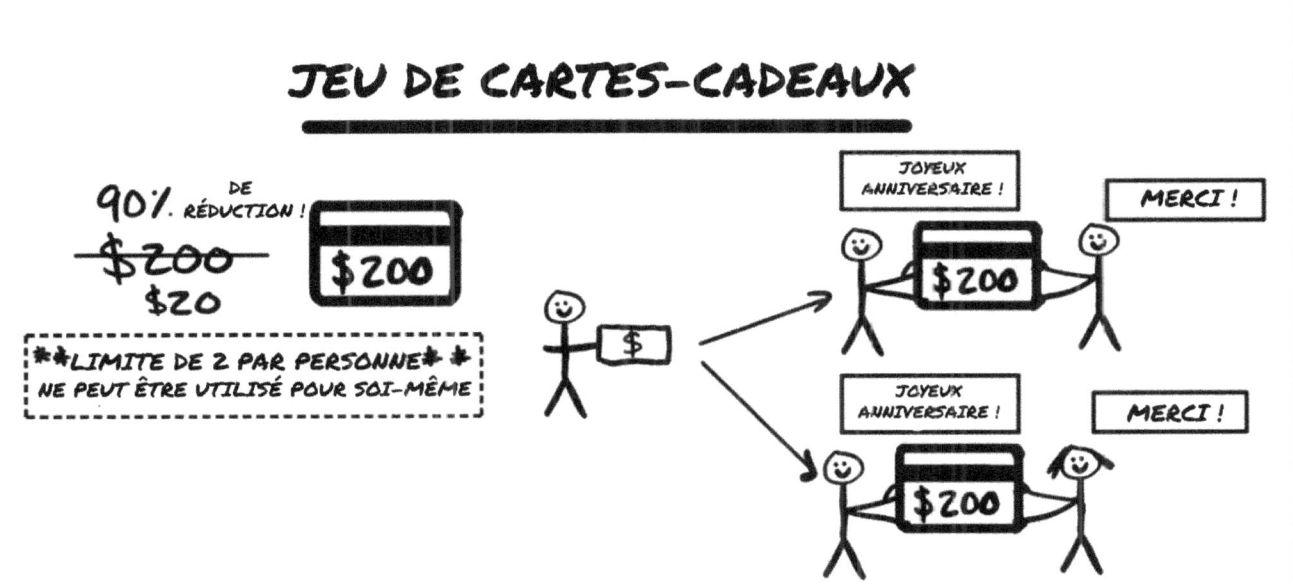

Ma « fameuse » stratégie avec les cartes-cadeaux. Vous pouvez utiliser la technique de « upsell reportée » comme offre promotionnelle pour attirer de nouveaux clients *et fidéliser* les clients existants en proposant des cartes-cadeaux avec une réduction de plus de 90 %. Par exemple : des cartes-cadeaux d'une valeur de 200 $ pour 20 $. Limitez-les à deux par client et précisez *qu'elles ne peuvent être utilisées que pour d'autres personnes.* Les clients les achètent comme cadeaux et les offrent à leurs amis. Cela en fait une excellente offre pour les fêtes de fin d'année.

Lorsque les clients achètent la carte-cadeau, veuillez leur demander à qui ils souhaitent la dédier et s'ils peuvent vous présenter. Ensuite, lorsqu'ils reviennent, veuillez leur remettre leur carte-cadeau. Fixez la *valeur* de la carte-cadeau à 20 % du prix de l'article que vous souhaitez vendre ensuite. Dans notre exemple, nous vendons une carte-cadeau de 200 $ pour 20 $. Appliquez ensuite cette valeur de 200 $ à une offre dont le prix est d'au moins 1 000 $. Les clients vous rémunèrent pour recommander vos services à leurs amis. C'est une excellente stratégie. De plus, vous obtenez un petit supplément grâce aux cartes-cadeaux inutilisées.

Points à retenir

- Les upsells reportées permettent de reporter tout ou partie des achats précédents d'un client sur votre prochaine offre.

- Pour effectuer des upsells reportées, déterminez à qui vous souhaitez vendre, ce que vous souhaitez vendre et comment reporter le crédit.

- À qui proposer une upsell : aux anciens clients, aux clients mécontents, aux clients mécontents d'autres personnes, aux clients actuels.

- Quelle upsell proposer : davantage de quelque chose, quelque chose de mieux, quelque chose de nouveau ou de différent. Assurez-vous simplement de réaliser un bénéfice après avoir appliqué le report.

- Comment reporter le crédit : Prix d'achat total ou partiel. Versé en une seule fois ou échelonné.

- Fixez le prix de votre prochaine offre à au moins 4 fois le montant du crédit. Cela correspond à une remise de 25 %.

- Pour attirer davantage d'acheteurs, ajoutez un sentiment d'urgence. Faites de votre upsell reportée une offre unique.

CADEAU GRATUIT : Formation sur l'upsell reportée

Il s'agit de la technique d'upsell que j'utilise le plus fréquemment. Elle combine une urgence élégante + de la bonne volonté. J'ai créé une vidéo pour vous présenter certains des scripts afin que vous puissiez observer ma méthode. Elle est gratuite et ne nécessite aucune inscription. Vous pouvez la visionner sur acquisition.com/training/money. J'ai ajouté un code QR pour faciliter l'accès.

Conclusion sur les offres d'upsell

Résolvez les problèmes des personnes fortunées, elles paient mieux.

Chaque *fois que* vous proposez quelque chose, vous réalisez une upsell. Les upsells jouent un rôle clé dans les Modèles d'Argent, car elles permettent d'obtenir plus d'argent de la part des clients *plus rapidement* que vous ne le feriez autrement. Et si votre offre d'attraction couvre déjà les coûts liés à l'acquisition de clients et à la livraison, *obtenir plus d'argent n'est pas une mauvaise chose.*

Je vous ai présenté les quatre techniques d'upsell les plus efficaces que j'utilise : l'upsell classique, l'upsell à la carte, l'upsell par ancrage et l'upsell reportée. Elles sont essentielles à la réussite de mon entreprise. Les upsells transforment tout. De nombreuses entreprises passent du statut de dépensière à celui de productrice de valeur, *du jour au lendemain.*

Cependant, comme vous le savez, les affaires ne sont pas toujours roses. Parfois, *les clients refusent.* Cela nous amène à la composante suivante de $100M—les *Modèles d'Argent* : les offres d'upsell, c'est-à-dire *ce qu'il convient de faire lorsqu'ils refusent…*

CHAPITRE IV : OFFRES DE VENTE ALTERNATIVE (DOWNSELL)

Que proposer lorsqu'ils refusent.

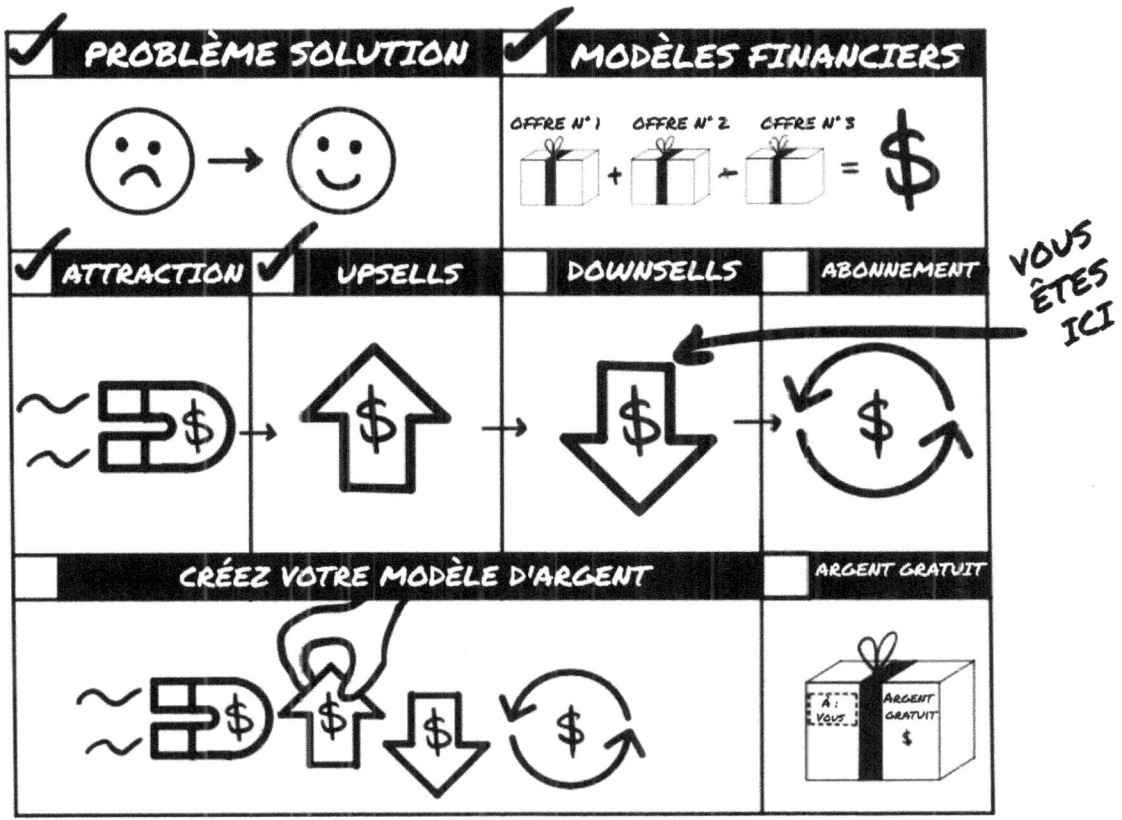

Dans la dernière section, nous avons utilisé les offres d'upsell pour encourager les clients à acheter davantage. Si nous avons bien fait notre travail, nous avons également réalisé un bénéfice. Un pas de plus vers l'objectif! Excellent… mais que faire s'ils refusent? → *Nous leur proposons une offre alternative (downsell).*

La downsell consiste à modifier l'offre initiale afin de trouver la solution la plus avantageuse *pour le budget du client*. Ainsi, toute offre que vous faites après qu'une personne ait refusé est une downsell.

Je procède à la downsell de deux manières. Je modifie soit leur mode de paiement, soit *ce qu'ils reçoivent*. En ce qui concerne leur mode de paiement, j'équilibre le montant qu'ils paient actuellement avec ce qu'ils paieront à long terme. En ce qui concerne ce qu'ils reçoivent, je modifie la quantité, la qualité ou je propose quelque chose de différent.

Tout d'abord, nous aborderons mes règles en matière de *downselling*, *qui s'appliquent à tous mes processus de downsell.* Ensuite, lorsque nous examinerons les offres individuelles, vous serez en mesure de vous lancer et de pratiquer la downsell comme un pro.

Comment éviter les erreurs de downsell : l'histoire vraie d'un ami.

*Je souhaitais acquérir une voiture et le vendeur a tenté de me proposer une assurance automobile. Le coût initial de l'assurance était de 5 000 $. J'ai refusé. Cependant, il a ensuite réduit le prix. J'ai de nouveau refusé. Il a continué à baisser le prix jusqu'à ce que la **même assurance qu'il proposait initialement** à 5 000 $ ne coûte plus que 400 $. J'ai encore refusé. Au début, j'ai refusé parce que c'était trop cher, mais à la fin, j'ai refusé parce que je ne faisais pas confiance à cet individu. Toute cette expérience m'a laissé un sentiment désagréable. Je me suis alors demandé s'il ne m'avait pas également escroqué sur le prix de la voiture. Finalement, je n'ai pas souhaité acheter la voiture chez lui non plus. »*

Les gens baissent le prix pour conclure une vente. Cependant, même si vous concluez cette vente, le client remettra en question tous les prix que vous proposerez à partir de ce moment-là... et il en informera d'autres personnes. Vous échangez la confiance contre un avantage financier. Cela n'en vaut pas la peine.

Remarque: vous pouvez proposer quelque chose de différent à un prix inférieur. Vous ne pouvez simplement pas proposer la même chose à un prix inférieur. S'il avait proposé une assurance *différente* à un prix inférieur, plutôt que *la même* assurance à un prix inférieur, il aurait probablement conservé sa confiance et conclu la vente.

Les règles de la downsell

N'oubliez pas qu'ils ont refusé *cette* offre, pas *toutes* les offres. Parfois (souvent), les gens disent non... *et ce n'est* pas *grave*. Ce n'est pas parce qu'ils ont refusé *cette offre* qu'ils *vous* ont rejeté. Cela peut être douloureux lorsque quelqu'un vous rejette. Je comprends. Cependant, considérez cela pour ce que c'est : une occasion de découvrir ce qu'ils souhaitent réellement et d'en tirer profit. Au lieu de vous voiler la face, restez ferme et faites une autre offre. *Non signifie non pour cette offre, pas non pour tout.*

Les upsells sont des négociations. Lors d'une upsell, vous collaborez avec le client pour trouver des combinaisons de concessions mutuelles jusqu'à ce que vous parveniez à un accord. *Si vous accordez quelque chose, assurez-vous d'obtenir quelque chose en retour.*

Personnalisez, sans exercer de pression. Déterminez ce qu'ils apprécient et ce qu'ils n'apprécient pas. Ensuite, proposez davantage de ce qu'ils apprécient et moins de ce qu'ils *n'apprécient pas, à un prix adapté.* Vous personnalisez ici. Si quelqu'un refuse ma proposition d'achat d'une grande boisson, je peux proposer des alternatives. Je pourrais demander s'ils souhaitent une petite boisson, un jus ou un café. Est-ce que je suis désagréable en posant cette question ? Absolument pas. En fait, si je peux mieux les servir, il serait déplacé *de ne pas le faire.*

Proposez les mêmes produits de manière innovante. Dans un monde idéal, vous disposez d'une large gamme de produits à vendre afin que chaque client puisse trouver son bonheur. Dans la réalité, il est préférable de limiter les downsells à ce que vous avez déjà en stock. Sinon, vous risquez de vous retrouver avec une multitude de produits (et de problèmes). Ce n'est pas une option judicieuse. Considérez plutôt les downsells comme une centaine de façons différentes de proposer les produits que vous avez déjà.

Ne baissez pas votre prix uniquement pour inciter quelqu'un à acheter. Tout d'abord, baisser votre prix n'est pas vraiment une stratégie de vente, *c'est une réduction*. Si quelqu'un souhaite acquérir votre produit, mais n'est pas disposé à payer le prix demandé, il est regrettable de ne pas pouvoir satisfaire sa demande. D'un autre côté, vous *pouvez* proposer de payer moins *maintenant* et davantage au fil du temps, c'est-à-dire un plan de paiement. Cependant, quoi que vous fassiez, ne modifiez pas le prix uniquement pour inciter quelqu'un à acheter, car...

Les clients discutent des prix. N'hésitez pas à tester les prix. Prévoyez à l'avance de proposer votre produit à un prix spécifique, à un nombre spécifique de personnes. C'est très différent de facturer moins cher *à* quelqu'un sur le moment simplement parce que vous avez peur de perdre la vente *sur le moment*. Les clients discutent. S'ils découvrent que quelqu'un a obtenu le même produit à un prix inférieur *« juste comme ça »*, vous risquez de mécontenter vos clients. Cela peut également poser un problème éthique, du moins à mon avis. Évitez cette situation.

À suivre...

J'utilise trois processus de downsell simples et extrêmement efficaces :

- Downsells par plan de paiement (*comment ils paient*)
- Essai sous conditions (*comment ils paient*)
- Downsells avec options (*ce qu'ils obtiennent*)

Ces processus de downsell augmentent encore davantage les bénéfices sur 30 jours. Ils permettent de réaliser encore plus de ventes alors que les clients auraient pu refuser. Je les apprécie particulièrement car, avec seulement quelques ajustements, vous pouvez les intégrer à votre entreprise et en récolter les fruits dès aujourd'hui.

CADEAU GRATUIT : Formation vidéo sur les offres de downsell

Les gens répondent non. Ne vous laissez pas déstabiliser. Restez concentré. Savoir ce que vous allez proposer ensuite. J'ai réalisé une vidéo pour vous expliquer ce chapitre en détail. Vous pouvez la visionner gratuitement sur acquisition.com/training/money. J'ai ajouté un code QR pour vous permettre d'y accéder rapidement et facilement.

Downsell par plan de paiement

Quel montant pouvez-vous verser aujourd'hui ?

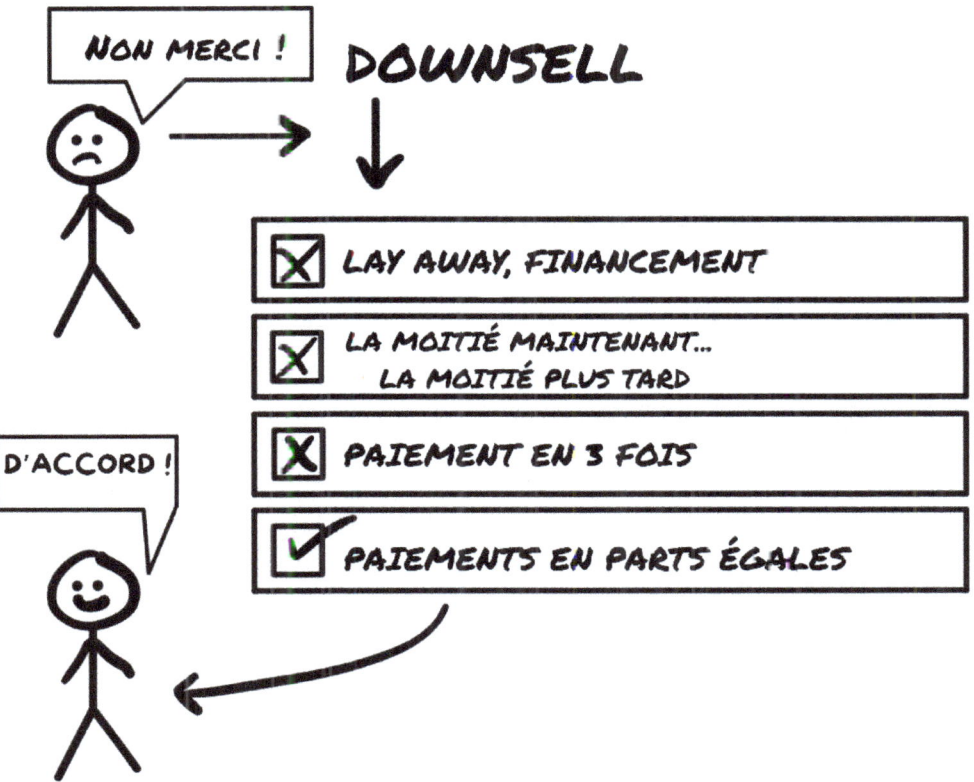

Août 2013.

C'était mon premier véritable mois d'activité. Il me restait exactement un mois de loyer d'économies... et *je n'avais jamais obtenu d'argent d'un inconnu.* Et maintenant, je devais obtenir de dizaines d'inconnus de me verser de l'argent dans les semaines à venir, simplement pour maintenir l'activité.

Je n'ai réalisé que quelques ventes la première semaine. Si je continuais ainsi, je risquais de me retrouver rapidement dans une situation difficile. Je faisais des cauchemars dans lesquels je rentrais chez moi ruiné. Cette idée était insupportable. J'étais désespéré.

Le lendemain matin, une cliente potentielle est entrée dans le magasin et je lui ai présenté mon argumentaire habituel. Elle m'a répondu : « Je n'en ai pas les moyens. » Normalement, j'aurais simplement abandonné. Cependant, j'avais *vraiment* besoin d'argent. Alors, dans mon désespoir, j'ai demandé : « D'accord, quand êtes-vous payée ? »

« Le premier du mois. »

« Très bien, vous pouvez verser la moitié maintenant, et l'autre moitié lorsque vous recevrez votre salaire. »

« Je n'en ai pas les moyens non plus. »

« Très bien. Souhaitez-vous vraiment suivre ce programme ? »

« Oui, je le souhaite. »

« Que diriez-vous de trois paiements et de verser un tiers aujourd'hui ? »

« Je ne peux toujours pas. »

« Hum... Que *pouvez*-vous faire ? »

« Honnêtement, rien. Mais, je peux payer la totalité le premier du mois. »

Mon loyer était à payer le 5. *Bingo*. « Cela me convient. Donnez-moi votre carte et je la débiterai le 2. Ça vous va ? »

« Oui, parfait ! »

Deux semaines plus tard, j'ai utilisé la carte *et cela a fonctionné*. Mon tout premier plan de paiement a été couronné de succès. Alléluia !

***

Les plans de paiement fonctionnent, quel que soit le nombre de zéros sur le prix. J'ai généré des dizaines de millions de dollars grâce à eux et je continue à les utiliser aujourd'hui. Cependant, les plans de paiement sont un pari. Il est donc essentiel de savoir comment les utiliser. Je sais *comment* les utiliser et je vais vous montrer exactement comment.

Les plans de paiement constituent un pari risqué, car ils peuvent générer des bénéfices d'une certaine manière, *mais entraîner des pertes de deux autres manières*. Ils vous permettent de gagner davantage lorsque vous attirez plus de clients et que ces derniers effectuent leurs paiements. Ils vous font perdre de l'argent lorsque les clients annulent avant que vous ne réalisiez de bénéfices. Vous subissez les pertes les plus importantes lorsque des clients qui auraient payé la totalité choisissent un plan de paiement et annulent prématurément.

Ce chapitre vous aide à maximiser vos gains grâce aux plans de paiement et à minimiser vos pertes. Je prends le pari lorsque je suis certain de gagner. Grâce à ce guide, vous pouvez en faire autant.

Explication

Lorsque la plupart des gens pensent à la « downsell », ils associent cela à une quantité moindre, une qualité inférieure, un prix plus bas, etc. C'est compréhensible. Cependant, je préfère pratiquer la downsell en proposant à nouveau le même produit. Je sais que cela peut sembler surprenant, mais veuillez m'écouter. Au lieu de proposer un produit différent, je répartis le coût en facturant une partie dès le départ et en échelonnant le reste en plusieurs paiements. J'appelle cela une downsell par plan de paiement. Examinons comment cela fonctionne.

De nombreuses personnes refusent des offres parce qu'elles « coûtent trop cher ». C'est parfois vrai. Cependant, face à cela, les chefs d'entreprise et autres professionnels de la vente proposent immédiatement des remises ou vendent des produits moins chers *juste pour que les clients acceptent*. Cependant, dans la plupart des cas, « ça coûte trop cher » *signifie en réalité* « ça coûte trop cher *maintenant* ». En d'autres termes, les gens pensent que les remises fonctionnent parce qu'ils paient moins cher pour le produit. Mais en y regardant de plus près, c'est en réalité parce qu'ils paient moins *cher sur le moment*. Les plans de paiement offrent donc le meilleur des deux mondes. Ils attirent plus d'acheteurs, car les clients paient moins cher sur le moment. Mais ils augmentent également vos bénéfices, car les clients paient tout de même le prix total au fil du temps.

Mon processus de downsell avec plans paiements comprend jusqu'à sept étapes. Le processus consiste à passer d'un paiement plus élevé au départ à un paiement plus étalé dans le temps. Je m'arrête lorsqu'ils effectuent leur achat. Voici les étapes :

1) Récompenser le paiement intégral plutôt que pénaliser le paiement échelonné
2) Proposer des options de financement par un tiers, par carte de crédit ou layaway (article réservé jusqu'à ce qu'il soit payé en plusieurs fois).
3) Proposer de payer la moitié maintenant et l'autre moitié plus tard
4) Vérifier s'ils souhaitent toujours l'article
5) Proposer un paiement en trois versements
6) Proposer des paiements échelonnés de manière égale
7) Proposer un essai gratuit

Examinons-les dans l'ordre.

Exemple de processus de downsell par plan de paiement

Étape 1) Récompenser le paiement intégral plutôt que pénaliser le paiement échelonné. Si j'accepte le risque d'un plan de paiement, j'augmente le prix. Les entreprises traditionnelles le font en facturant des intérêts. Cependant, je le fais en offrant une remise *si le paiement est effectué en totalité*.

Considérez comment les entreprises facturent généralement les intérêts : elles indiquent généralement : « *Le prix est de 10 $ si vous payez immédiatement, mais il est de 15 $ si vous payez à crédit, car nous facturons 5 $ d'intérêts.* » Ce n'est pas très agréable.

Au lieu de cela, je dis : « *C'est 15 $... mais c'est 10 $ si vous payez d'avance. Vous économisez 5 $... c'est ce que font la plupart des gens.* » Pour ce faire, je présente le prix *avec les intérêts inclus*. Ensuite, je propose le paiement anticipé comme moyen d'obtenir une remise. De cette façon, nous rendons l'offre plus conviviale *et* bénéficions d'un ancrage de prix. Le calcul est le même, mais cela semble plus avantageux.

S'ils refusent, je commence à proposer des downsells. Cependant, je m'efforce tout de même d'être payé en premier lieu...

Étape 2) Proposez des options de financement par un tiers, par carte de crédit et layaway.

Financement par un tiers : cela signifie qu'une autre entreprise me paie immédiatement et que le client dispose d'un plan de paiement *avec cette autre entreprise*. Les concessionnaires automobiles procèdent ainsi régulièrement. Le concessionnaire reçoit l'argent de la société de financement aujourd'hui, et le client paie la société de financement demain.

Remarque : la mise en place d'un financement par un tiers demande du travail, mais cela en vaut vraiment la peine.

Carte de crédit : Il suffit de demander : « Préférez-vous que je détermine vos conditions de paiement ou que vous les déterminiez vous-même ? » Ils répondent généralement qu'ils préfèrent décider eux-mêmes. Dans ce cas, je leur suggère d'utiliser une carte de crédit. Ainsi, je suis payé immédiatement et ils peuvent régler la société émettrice de la carte de crédit au fil du temps. Je trouve étonnant que cette nouvelle approche fonctionne, mais c'est le cas. Je ne porte pas de jugement, j'agis.

Le layaway : le paiement de type layaway consiste à payer le produit *avant* de le recevoir. Les clients peuvent effectuer autant de versements qu'ils le souhaitent. Ils peuvent prendre tout le temps nécessaire pour payer. Cependant, ils ne reçoivent le produit qu'*après avoir payé la totalité du montant*. C'est *de loin* la solution la plus flexible pour eux et la moins risquée pour nous.

S'ils refusent ces options, je passe à l'étape 3.

Étape 3) Proposez « la moitié maintenant, l'autre moitié plus tard ». Je commence par demander *« Quand touchez-vous votre prochain salaire ? »*. Ensuite, je demande *« Souhaitez-vous verser la moitié aujourd'hui et le reste lorsque vous serez payé ? »*. S'ils ne peuvent pas le faire, je demande *« Quel est le montant maximum que vous pouvez verser aujourd'hui ? »*. Lorsqu'ils proposent un montant, je réponds *« Parfait. Vous payez cette somme aujourd'hui et le reste lorsque vous serez payé. Cela vous convient-il ? »* Je préfère planifier les paiements en fonction des salaires, car la plupart des gens sont payés toutes les deux semaines. Cela augmente les bénéfices sur 30 jours bien plus que les paiements mensuels.

S'ils ne veulent pas ces types de paiement, je prends le temps de m'assurer qu'ils veulent vraiment le produit.

Étape 4) Vérifiez s'ils souhaitent toujours acquérir le produit. Aucun plan de paiement ne satisfera un client qui ne souhaite pas acquérir le produit. Assurez-vous donc que la personne souhaite réellement acquérir votre produit avant de consacrer davantage d'efforts à la vente. Je pourrais dire quelque chose comme *« Je comprends. Vous rencontrez donc des difficultés financières actuellement. Je voudrais juste m'assurer d'une chose. Sur une échelle de 1 à 10, à quel point souhaitez-vous acquérir cet article ? »* S'ils répondent 8 ou plus, continuez à leur proposer des plans de paiement et dites : *« Excellent. Ne vous inquiétez pas. Nous allons trouver un moyen de vous aider. »* Si elle répond 7 ou moins, demandez-lui *« Pourquoi pas 10 ? »*, puis dites quelque chose comme *« Vous avez raison. Je pense que nous avons peut-être quelque chose qui pourrait mieux vous convenir. »* Vous lui vendez alors un autre produit (downsell à options, nous y reviendrons un peu plus tard).

Étape 5) Proposer un paiement en trois versements. Si la réponse se situe entre 8 et 10 sur l'échelle, je réduis le montant de moitié, voire d'un tiers. Je propose une option de paiement en trois versements : un tiers maintenant et deux tiers sur les deux prochains salaires, ou un tiers maintenant et deux tiers au cours des deux prochains mois.

Étape 6) Proposer des paiements échelonnés de manière régulière. Si cela ne convient toujours pas, j'étale les paiements de manière régulière sur la durée restante du service. Par exemple, le programme Gym Launch durait seize semaines, j'ai donc facturé chaque semaine (seize fois au total). Si cela pose encore des problèmes, je passe à l'étape 7.

Étape 7) Proposez un essai gratuit. Je propose des essais gratuits d'une manière particulière. J'y consacre donc le chapitre suivant. Cependant, la vente s'arrête ici. Du moins pour le moment.

Ce processus de paiement par étapes comprend jusqu'à *neuf* offres. Si cela vous semble irréaliste, il est probable que vous réalisiez moins de bénéfices et que vous serviez moins de clients que vous ne le pourriez.

Points importants

Downsell avec la « technique de la balançoire ». Si vous préférez réduire le nombre d'étapes ou si vos commerciaux sont moins expérimentés, vous pouvez utiliser ce processus de downsell. Au lieu de demander le montant total, posez simplement la question suivante : « *Préférez-vous effectuer des gros paiements mensuels ou des petits ?* » Ils répondront des petits. Vous répondez alors : « *Le prix normal est de XXX. Si vous effectuez un paiement anticipé aujourd'hui, vous bénéficierez d'une remise importante et n'aurez aucun paiement mensuel à effectuer. Cela vous convient-il ?* » Cela présente le plan de paiement sous un jour négatif et met en avant les avantages du paiement anticipé.

Ensuite, s'ils indiquent qu'ils n'en ont pas les moyens, expliquez-leur que plus ils versent d'acompte maintenant, plus leurs mensualités seront faibles. « *Si vous ne pouvez pas vous permettre de payer d'avance, je comprends tout à fait. Nous ajusterons simplement l'acompte jusqu'à ce que vous obteniez un taux mensuel qui vous convienne.* » Cela incite toujours à verser des acomptes plus importants afin de réduire les mensualités. S'ils refusent toujours, demandez-leur s'ils souhaitent toujours le produit. Si c'est le cas, approchez votre chaise de leur côté de la table et présentez-leur les différentes options. La vente devient alors un travail d'équipe. C'est simple.

Les plans de paiement intègrent des downsells : proposez régulièrement la remise initiale pour paiement intégral pendant la durée du plan de paiement. Si les clients règlent le solde, ils peuvent toujours bénéficier de la « remise pour paiement anticipé » initiale. Cette approche est particulièrement efficace. Les clients oublient souvent qu'ils ont cette option. Ainsi, lorsque nous leur proposons cette option, certains la saisissent immédiatement. Offrez également à vos commerciaux la même prime pour clôturer le solde afin de les inciter à assurer le suivi. Et n'oubliez pas *que si vous offrez aux clients la possibilité de payer plus lentement, ils le feront. Si vous les incitez à payer plus rapidement, ils le feront.* Donc, si vous souhaitez qu'ils paient plus rapidement, donnez-leur une bonne raison de le faire.

Réduisez le nombre de paiements refusés. Alignez les calendriers de paiement sur les calendriers de paie. Si vous facturez les jours où les gens sont payés, ils sont plus susceptibles de payer. De plus, les salaires sont versés à des moments différents, donc si le paiement est refusé la première fois, réessayez plusieurs fois dans la journée. J'ai appris cette stratégie de John (mon premier mentor). J'arrive souvent à récupérer un tiers de mes paiements refusés en ajoutant cette petite étape.

Comment s'assurer que les plans de paiement vous rapportent de l'argent. Après avoir mis en place des plans de paiement, votre taux de finalisation de vente devrait augmenter. Cela semble évident. Cependant, si le nombre de paiements intégraux diminue, vous rencontrez un problème. Vous venez d'orienter vers des plans de paiement des clients qui auraient payé en totalité. *Vous souhaitez* donc *conclure davantage de rendez-vous dans l'ensemble, mais avec le même pourcentage de rendez-vous payés en totalité.*

Exemple : si je contacte dix prospects, je pourrais en convaincre trois. Si je procède à une downsell, je pourrais en convaincre trois autres (pour un total de six). Ainsi, dans le deuxième scénario, je reçois mon paiement initial des trois premiers *et* les paiements des trois suivants. Cela garantit que les downsells augmentent correctement vos bénéfices sur 30 jours.

Une autre raison de commencer haut avant de descendre progressivement. Profitwell (une société qui gère des abonnements) a publié les données relatives au taux de désabonnement de 14 000 entreprises. Elle a ainsi mis en évidence cette information précieuse. Dans *toutes les entreprises*, la fréquence de facturation a eu une incidence sur le taux de désabonnement mensuel.

La facturation mensuelle (12 fois par an) donne un taux de résiliation mensuel de 10,7 %.

La facturation trimestrielle (4 fois par an) donne un taux de résiliation mensuel de 5 %.

La facturation annuelle (1 fois par an) donne un taux de résiliation mensuel de 2 %.

Je présente déjà les prix par ordre décroissant, du plus élevé au moins élevé. Il se trouve que cela rend également les clients plus importants à long terme. Commencez donc par un prix élevé (moins de paiements importants) et descendez progressivement.

Conclusion : modifier les modalités de paiement des clients peut avoir un impact *considérable* sur leur durée de fidélité. Nous abordons plus en détail la fidélisation et le taux de désabonnement dans le chapitre V : Offres d'abonnement.

Points à retenir

- Les downsells par plans de paiement répartissent le coût d'un produit en facturant une partie dès le départ et en répartissant le reste en paiements échelonnés.
- Les plans de paiement attirent davantage d'acheteurs, à l'instar des remises, mais peuvent également augmenter les bénéfices, car les clients acceptent de payer le prix total au fil du temps.

- Les plans de paiement ne contribuent à la croissance de votre entreprise que s'ils attirent davantage de clients et que ces derniers effectuent effectivement leurs paiements.

- Étape 1) Présentez le prix total, puis proposez une remise s'ils paient la totalité.

- Étape 2) Proposez un financement par un tiers, puis une option de paiement par carte de crédit, puis une option en plusieurs fois de type layaway.

- Étape 3) Divisez le paiement en deux. Planifiez les paiements en fonction des dates de paie.

- Étape 4) Demandez-leur s'ils souhaitent toujours le produit sur une échelle de 1 à 10. Vous visez une note de 8 ou plus.

- Étape 5) Divisez le paiement en trois. Planifiez-le en fonction des dates de paie ou mensuellement.

- Étape 6) Planifiez des paiements étalés sur une période donnée.

- Étape 7) Proposez un essai gratuit en échange de la présentation d'une carte bancaire. Ce sujet sera abordé dans le chapitre suivant.

- La downsell de type « balançoire » consiste à passer progressivement d'un paiement intégral à des paiements étalés.

- Upsell par plan de paiement : ils bénéficient du prix réduit initial s'ils règlent le solde aujourd'hui.

- Alignez les calendriers de paiement sur les dates de paie afin de réduire le nombre de paiements refusés.

À la fin de tout cela, si quelqu'un refuse *toujours* de payer, nous lui proposons un essai gratuit en échange de sa carte. Cependant, il ne s'agit pas d'un essai gratuit ordinaire. Je procède de manière particulière. Il m'a fallu des années pour me perfectionner. C'est donc la prochaine étape. *Vous allez l'adorer.*

CADEAU GRATUIT : Formation vidéo sur les offres de downsell

Des plans de paiement bien conçus vous permettent presque toujours d'augmenter vos ventes et vos revenus. J'ai enregistré ma propre démonstration de ces réductions progressives afin que vous puissiez les adapter à vos propres produits. Pour ceux d'entre vous qui préfèrent apprendre à travers différents formats (ce que je recommande), vous pouvez visionner la vidéo sur acquisition.com/training/money. J'ai ajouté un code QR pour un accès rapide et facile.

Essai sous conditions

Si vous effectuez les actions X, Y, Z, je vous autoriserai à commencer gratuitement.

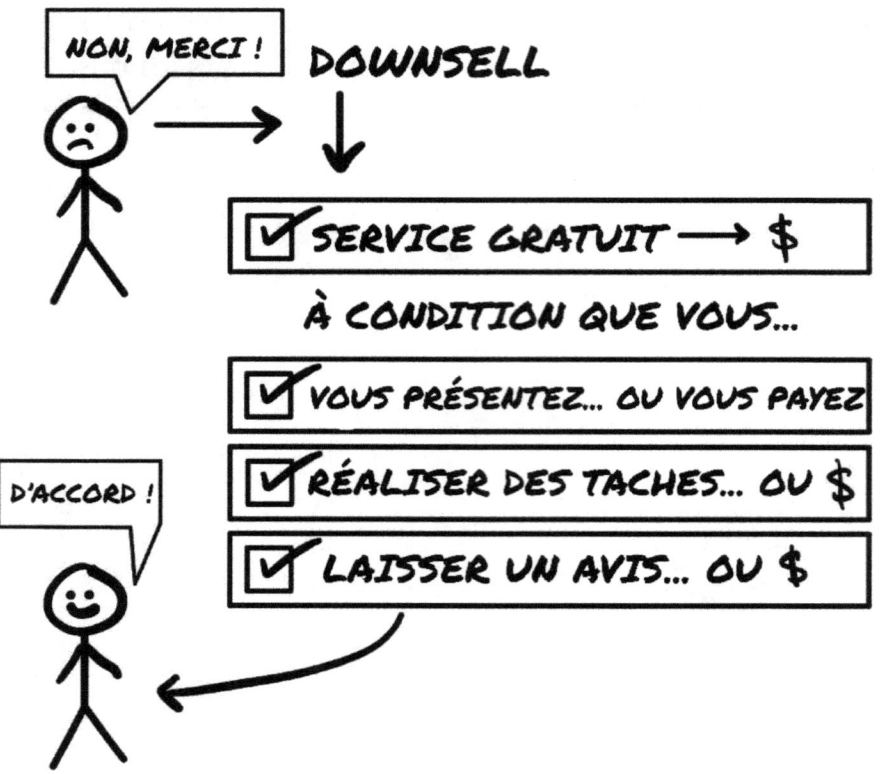

Printemps 2018.

Gym Launch connaissait une croissance rapide. Avec une centaine d'employés et d'autres à venir, Leila avait besoin de meilleures solutions RH pour gérer l'ensemble. Après des mois de démarchage téléphonique auprès de prestataires RH potentielles, elle en a trouvé une qui lui convenait. À ma grande surprise, elle n'avait rien de spécial, elle ressemblait à toutes les autres.

« Oui, le logiciel est complexe », a-t-elle déclaré. « Mais ils ont su me convaincre. »

« Sérieusement ? Comment ont-ils réussi ? »

« Ils proposaient une offre d'essai avec une approche originale. C'était plutôt astucieux. »

« Que proposaient-ils ? »

« Ils m'ont dit que si je suivais leur formation, je bénéficierais d'une mise en route gratuite. Cependant, si je ne suivais pas la formation, je devrais la payer ! »

« Alors, qu'as-tu fait ? »

« J'ai bien sûr suivi la formation. »

« Ils ont donc pris ta carte de crédit, tu as suivi la formation, *puis tu 'as pas eu à payer pour la mise en route ?* »

« Oui ! » répondit-elle avec un sourire. « Et maintenant, je suis également en mesure d'utiliser ce logiciel complexe. »

Je comprends mieux.

« Attends... tu avais refusé. Ils t'ont alors proposé une version d'essai gratuite *sous conditions* si tu *ne* l'utilisais *pas* ? »

« En gros, oui. Je veux dire, c'est logique. Cela m'a forcée à apprendre, et maintenant je ne souhaite pas apprendre à utiliser un autre logiciel complexe... alors nous restons avec eux ! »

« Tu as raison. C'est plutôt intelligent. »

***

La société de logiciels a utilisé l'essai sous conditions comme offre *d'attraction*, mais je préfère *proposer* des essais *downsell*. Ainsi, je ne propose le downsell que si le client refuse ma première offre. Et si vous procédez comme je vais vous le montrer, cela ne modifie que le montant qu'il paie *aujourd'hui*, et non le montant *total*.

Explication

Dans le cadre d'une offre d'essai sous conditions, les clients peuvent essayer gratuitement votre produit ou service à condition de respecter vos conditions générales. À titre de comparaison, les offres « Remboursement garanti » (offre d'attraction n° 1) permettent aux clients d'être remboursés *s'ils respectent les conditions générales*. Dans le cadre des offres d'essai sous conditions, les clients ne paient *que s'ils ne respectent pas les conditions générales*.

Idéalement, les conditions devraient être celles qui font les meilleurs clients. Elles refléteront donc les actions et les résultats utilisés dans votre offre « Récupérez votre argent ». Cependant, cette fois-ci, nous utilisons le *sans frais* (plutôt que le remboursement) pour encourager l'adhésion.

Ainsi, l'essai sous conditions n'est pas « voici mon produit, voyez s'il vous convient », mais « *voici mon produit, vous l'obtenez gratuitement <u>tant que vous faites ceci</u>... ce qui fait de vous le candidat idéal pour ma prochaine offre. Et si vous ne le faites pas, vous devrez <u>alors</u> payer* ».

Pour réaliser une downsell sous conditions, il est nécessaire de déterminer les mesures que les clients doivent prendre pour éviter les frais et la manière dont vous les facturez. En général, une partie des clients achète votre offre principale. Il est donc recommandé de la proposer en premier. Les autres clients seront alors concernés par cette downsell. Supposons que vous concluez généralement trois ventes sur dix avec votre offre d'attraction. Vous proposez ensuite une downsell à quatre *autres* personnes avec une période d'essai assortie d'une pénalité. Une fois la période d'essai terminée, vous proposez une upsell à trois d'entre elles. Vous passez ainsi de trois ventes à six, *doublant ainsi* votre clientèle. Si vous ne proposez qu'une seule offre, vous perdez tous ceux qui refusent. Les essais downsells sous conditions donnent aux clients une seconde chance d'accepter.

Je suis toujours contrarié par les *milliers* de clients que j'ai perdus au fil des ans lors des essais gratuits avant d'apprendre cela. Cependant, nous pouvons désormais les conserver. La downsell d'essai sous conditions rend cela possible.

Exemples

Offre entreprise à consommateur : programme de 28 jours pour se débarrasser d'une habitude

- ☐ Pour bénéficier de l'essai gratuit (et éviter les frais de pénalité), vous devez...
- ☐ Répondre à tous vos appels de consultation
- ☐ Publier vos progrès dans le groupe une fois par semaine
- ☐ Tenir un journal quotidien dans notre application
- ☐ Participez aux séances de retours et aux séances de transformation (soit... opportunités de upsell)

Offre interentreprises : défi « Obtenez vos 5 premiers clients en 5 jours »

- ☐ Pour bénéficier de l'essai gratuit (et éviter les frais de pénalité), vous devez...
- ☐ Envoyer 100 messages par jour

- ☐ Rendre compte des statistiques sur les messages envoyés
- ☐ Participer à la formation quotidienne
- ☐ Publier quotidiennement dans le groupe une fois vos tâches effectués
- ☐ Répondre à votre appel de fin de formation (opportunité de upsell)

Logiciel : 500 $ pour la mise en route du logiciel RH, puis 99 $ par mois

- ☐ Essai sous conditions : vous n'avez pas à payer 500 $ d'avance, mais vous devez…
- ☐ Participer à la formation initiale, qui comprend trois appels Zoom de soixante minutes (opportunités de upsell)
- ☐ Effectuer les tâches
- ☐ Activer votre profil d'employeur
- ☐ Configurer le profil de vos employés avant la fin du troisième appel

Dans le cas contraire, vous devrez payer les frais.

Points importants

Ce qu'ils obtiennent gratuitement et ce qu'ils doivent faire pour éviter les frais. Il est important de connaître vos *conditions d'utilisation*. Les éléments importants seront soit votre offre de base (comme l'offre leurre), *soit* votre offre « Récupérez votre argent ». Les deux fonctionnent. Je vous recommande d'offrir davantage plutôt que moins, si vous en avez les moyens. Les critères doivent permettre d'attirer et de fidéliser les clients. Vous pouvez les reprendre directement de l'offre « Récupérez votre argent » - Offre d'attraction n° 1.

Frais fractionnés ou frais forfaitaires. Imaginons que vous proposiez un produit à 500 $ avec dix tâches à accomplir. Je préfère facturer 50 $ pour chaque erreur plutôt que 500 $ pour la première erreur commise. D'un autre côté, si une seule erreur compromet réellement leur réussite, il est préférable que les frais reflètent cela. J'ai constaté que les deux approches fonctionnent.

Comment faire une offre downsell de l'essai. Voici un graphique qui montre comment je réduis le prix d'un essai sous conditions en cinq étapes.

Proposez l'essai en dernier. Si quelqu'un indique clairement qu'il ne souhaite pas accepter votre première offre, proposez-lui alors l'essai sous conditions. Voici comment cela pourrait se *présenter: « Hmmm... c'est effectivement un dilemme. Je vous propose ceci: que diriez-vous de commencer gratuitement? D'accord? Nous pouvons simplement vous aider, et si cela vous plaît, vous pouvez rester. Veuillez me fournir votre pièce d'identité et nous pourrons commencer le processus. C'est ok pour vous? »*

Obtenez toujours une carte de crédit. Enregistrez leurs informations, conservez leur pièce d'identité et demandez-leur leur carte de crédit en disant: « *Quelle carte souhaitez-vous utiliser?* » Ils doivent laisser une carte. S'ils refusent, dites simplement: « *C'est toujours comme ça que nous faisons* » S'ils persistent dans leur refus, souhaitez-leur une bonne journée et raccompagnez-les à la sortie.

> **Conseil de pro:** si quelqu'un refuse de laisser sa carte et de faire le travail, je ne lui vends rien. Ces clients se plaignent trop et génèrent moins. Cela ne vaut pas la peine de s'embêter avec eux.

Vendez toujours en misant sur la fidélité et la pérennité. Demandez directement : « *Si ce programme vous permet d'obtenir des résultats, resterez-vous à long terme ?* » Vous souhaitez qu'ils s'engagent à rester à long terme si vous leur obtenez des résultats. S'ils répondent non, il est inutile de leur proposer un essai.

Ensuite, nous menons la conversation comme s'ils allaient rester à long terme, même si nous n'avons pas encore commencé à leur facturer. Donc, s'ils répondent « non », mais souhaitent plus d'explications, dites quelque chose comme : « *Je ne veux pas que vous essayiez. Je veux que vous obteniez des résultats. Et par souci d'intégrité, je souhaite fixer des objectifs réalistes. Vous n'atteindrez pas vos objectifs à long terme pendant cette période d'essai. Cependant, vous développerez des habitudes qui vous aideront à y parvenir. Et nous vous aiderons à le faire gratuitement. Toutefois, si vous souhaitez obtenir des résultats à long terme, vous devrez continuer. Je veux simplement m'assurer que vous ne recherchez pas une solution rapide, car je ne peux pas vous promettre cela d'un point de vue éthique.* »

Une fois qu'ils ont donné leur accord, passez à l'étape suivante.

④ EXPLIQUEZ COMMENT LES FRAIS MOTIVENT

Expliquez les frais *après* avoir obtenu leur carte. Je dis souvent : « *Nous ferons notre part tant que vous ferez la vôtre. C'est équitable, n'est-ce pas ? Je vous demande donc simplement de miser sur vous-même : si vous manquez ou ignorez certaines étapes, vos résultats en pâtiront. Nous facturons des frais pour vous aider à rester sur la bonne voie. Si vous manquez une étape, ce n'est pas grave. Vous devrez payer des frais minimes, mais cela vous permettra de vous remettre sur la bonne voie. Si vous allez jusqu'au bout, vous bénéficierez de tout cela gratuitement. C'est donc le meilleur moyen pour nous de vous obtenir des résultats exceptionnels tout en vous offrant un service gratuit. C'est le meilleur compromis pour les deux.* »

Remarque : si vous expliquez les frais *avant* d'avoir la carte, vous rencontrerez davantage de résistance. Il est donc préférable de l'expliquer *après*, en adoptant une attitude qui montre *que* « *on a toujours fait comme ça* ». Les clients doivent tout de même accepter les frais, mais vous obtiendrez un taux d'acceptation plus élevé en procédant de cette manière. Je demande toujours aux clients d'apposer leurs initiales à côté des clauses relatives aux frais afin d'obliger mes commerciaux à leurs expliquer.

⑤ INTÉGREZ DES RÉUNIONS COMMERCIALES À LA PÉRIODE D'ESSAI

Rendez les contrôles obligatoires. Tout d'abord, nous expliquons *tous* les critères afin qu'ils comprennent les coûts et les avantages de l'adhésion. Ensuite, nous attirons leur attention sur les contrôles (nos opportunités de upsell) : « *Oui, et vous acceptez de participer à chacun des trois rendez-vous. Lors du premier, nous faisons X afin que vous puissiez*

[bénéfice un], lors du deuxième, nous faisons Y afin que vous puissiez [bénéfice deux]..., lors du troisième, nous faisons Z afin que vous puissiez [bénéfice trois]... Évidemment, nous facturons si vous manquez ces rendez-vous, car c'est la seule façon d'obtenir des résultats. »

Comment je passe à la upsell à partir d'un essai. Lorsqu'une personne effectue un essai, trois scénarios sont possibles : elle apprécie le produit, elle ne l'apprécie pas ou elle ne l'utilise pas. Voici comment je place une upsell dans chaque scénario.

1) S'ils apprécient votre service : C'est la solution la plus simple. Vous avez déjà mis en place la facturation automatique. Excellent ! Rencontrez-les quand même. Vous pouvez toujours leur proposer une version à plus long terme ou à plus forte valeur ajoutée de votre service (ou les deux). Les clients satisfaits ont tendance à tirer encore plus de valeur de vos produits les plus performants (et les plus rentables).

2) S'ils n'apprécient pas : *Redonnez-leur le sourire.* Demandez-leur ce qu'ils auraient souhaité. Dites-leur qu'ils ont tout à fait raison et que vous êtes déçu de votre part de ne pas y avoir pensé. *Ne leur attribuez pas la responsabilité.* Une seule personne peut être en colère, et c'est vous. Demandez-leur s'ils vous donneraient une chance de vous rattraper, car vous êtes indigné par leur expérience. Et maintenant, puisque vous comprenez mieux leurs besoins, vous savez qu'ils correspondent mieux à votre produit haut de gamme. Proposez-le-leur. Oui, c'est une vente. Je peux convaincre environ la moitié de ces personnes d'acheter.

3) S'ils ne l'ont pas utilisé, veuillez les contacter à plusieurs reprises avant d'en arriver là. Expliquez-leur que vous avez besoin de les rencontrer. Proposez-leur de renoncer aux frais s'ils acceptent. Vous pouvez alors essayer de les remettre sur la bonne voie ou leur proposer une meilleure offre. Je n'apprécie pas de facturer les clients qui ne donnent pas suite. Des frais minimes ne valent pas une évaluation 1 étoile. Cependant, c'est votre choix.

Ajustez votre offre d'essai pour attirer le plus grand nombre de clients possible. Si personne ne profite de votre offre d'essai, réduisez les conditions requises ou les pénalités. Si les clients profitent de votre offre d'essai mais ne vont pas jusqu'au bout, insistez sur les avantages que leur procurent les frais et veillez à inclure des réunions commerciales obligatoires. Si les clients ne restent pas à la fin, insistez davantage sur l'intérêt de rester et de payer, améliorez vos prestations et assurez-vous que ce que vous vendez à la fin correspond à ce que vous vendez au début. Si vous commencez à faire de l'argent, ne vous arrêtez pas !

Permettez aux personnes de se rattraper. Les gens se découragent souvent après avoir reçu des frais. Cependant, vous pouvez leur offrir la possibilité de « se rattraper ». Cela permet de les remettre sur la bonne voie et de les convertir. Toutefois, s'ils manquent cette occasion, vous êtes en droit de leur faire payer.

Considérez cela comme une période d'essai. Même si la période d'essai avec pénalité comporte certaines « particularités », il est préférable de la présenter comme une période d'essai gratuite. Sinon, les clients pourraient se sentir intimidés et confus. Personne ne souhaite être pénalisé. Si l'on vous demande pourquoi vous proposez des périodes d'essai gratuites de cette manière, répondez simplement « *C'est notre pratique habituelle* » ou « *Les clients obtiennent les meilleurs résultats de cette manière* ».

« Payer moins maintenant ou payer plus plus tard » VS « Essai sous conditions ». J'utilise « Payer moins maintenant ou payer plus plus tard » comme argument de vente pour les produits physiques ou les services ponctuels. Et j'utilise « Essai sous conditions » comme argument de vente pour les produits ou services d'abonnement. De plus, je n'ai appliqué cette stratégie que dans les entreprises où le client doit fournir un effort pour obtenir des résultats. Si vous identifiez d'autres types d'entreprises pour lesquelles cela pourrait fonctionner, dites le moi !

Réductions pour enregistrez les cartes. Certaines personnes peuvent se montrer réticentes lorsque vous offrez des avantages gratuits et demandez une carte. Cependant, si votre prix est très bas, cela justifie la demande de carte. La modique somme signifie que la carte fonctionnera probablement lorsque les paiements automatiques commenceront. Ainsi, au lieu d'un mois gratuit, vous pourriez proposer « le premier mois pour 1 $ », puis X $ par mois lorsque l'abonnement se renouvelle.

Points à retenir

- Dans le cadre d'une offre d'essai sous conditions, les clients peuvent essayer votre produit ou service gratuitement, tant qu'ils respectent vos conditions.

- Les offres de downsell sous conditions permettent d'obtenir l'accord de personnes qui avaient initialement refusé.

- Pour ce faire, vous devez obtenir la carte, obtenir l'engagement, expliquer ce qu'ils doivent faire pour obtenir des résultats et les réunions auxquelles ils doivent assister, ainsi que les conséquences s'ils ne le font pas.

- Les essais sous conditions attirent davantage de clients payants que les essais gratuits classiques, car ils utilisent davantage votre produit et en tirent réellement profit.

- Utilisez les mêmes critères de « remboursement » que ceux de « Récupérez votre argent » (offre d'attraction n° 1) pour créer vos critères d'essai sous conditions. Ainsi, à la fin de l'essai, ils auront accompli les actions qui font d'eux d'excellents clients à long terme (et feront la promotion de votre entreprise gratuitement).

- Vous pouvez répartir les frais selon différents critères ou facturer un montant forfaitaire. Je préfère les répartir.

- Vous générez des revenus en obtenant des résultats pour vos clients et en les convertissant en acheteurs, et non en leur facturant des frais supplémentaires.

- Profitez des bilans intermédiaires pour proposer davantage d'offres. Si le client est satisfait, offrez-lui davantage de ce qu'il apprécie. S'il rencontre des difficultés, proposez-lui une alternative plus adaptée à ses besoins. S'il n'utilise pas le service, offrez-lui la possibilité de rattraper son retard afin d'éviter les frais.

CADEAU GRATUIT : Formation sur l'essai gratuit

Toutes les entreprises ne peuvent pas proposer d'essais gratuits. Cependant, si vous en avez la possibilité, cela peut constituer une excellente stratégie de vente. Il existe évidemment de bonnes et de mauvaises façons de procéder, ainsi que des entreprises plus ou moins adaptées à cette approche. J'ai réalisé une vidéo gratuite pour vous, qui reprend ce chapitre avec autant de détails que possible. Vous pouvez la visionner à l'adresse acquisition.com/training/money. J'ai ajouté un code QR pour un accès rapide et facile.

Downsells avec options

Pourquoi ne pas essayer ceci à la place ?

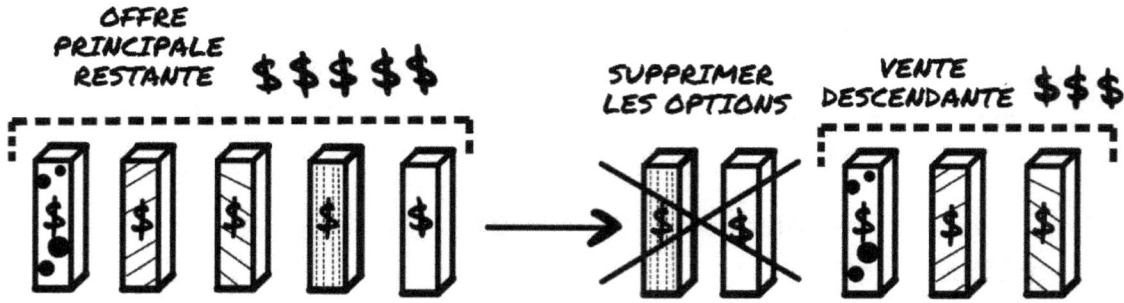

Je ne me souviens plus quand, en 2019.

« Cette nouvelle offre à prix réduit a triplé mon taux de finalisation, qui est passé de 25 % à 75 % au dernier trimestre. Et ce qui est encore plus remarquable, c'est que davantage de personnes ont acheté le produit principal », a-t-il raconté entre deux bouchées.

« Tu proposes un plan de paiement ou une réduction ? »

« Ni l'un ni l'autre. Les plans de paiement prennent trop de temps. Et les réduction dévalorisent mon produit. »

Hum… « Nous parlons d'un produit haut de gamme, n'est-ce pas ? »

« Oui. »

« Bon sang. Comment fais-tu ? »

« Je baisse le prix, mais je le justifie en supprimant une option. De cette façon, je n'accorde pas de réduction. »

« Quelle option as-tu supprimée ? »

« Ma garantie de remboursement intégral. »

« Je n'avais jamais considéré les garanties comme des options, c'est très intéressant… Attends… *tu réduis tes ventes en supprimant ta garantie ?* »

« Oui, cela fonctionne très bien. Lorsque nous rencontrons une objection liée au prix, nous demandons : "*Si vous ne souhaitez pas bénéficier de l'option de remboursement, vous pouvez payer moins cher. Ou bien, vous pouvez conserver votre garantie de remboursement.*

Que préférez-vous ?" Une fois qu'ils comprennent ce à quoi ils renonceraient, ils répondent souvent : "Je préfère conserver la garantie et obtenir mon remboursement." »

« Ahhhh... donc ils ne prennent conscience de la valeur de la garantie *qu'une fois que* vous la supprimez. Cela explique également pourquoi ils sont tellement plus nombreux à acheter le produit principal. C'est malin. "J'ai ensuite demandé :"... comment se répartissent les chiffres ? »

« Avant, je ne proposais qu'une seule option à prix plein. Ainsi, sur 100 personnes qui participaient à l'offre, 25 achetaient. Maintenant, 35 personnes achètent le produit principal et 40 optent pour la downsell. »

« Cela a donc augmenté le nombre de tes acheteurs au prix fort, ton taux de finalisation total *et* tes liquidités initiales. Excellent ! »

« Oui, cela a transformé ma vie », dit-il.

***

Les deux derniers chapitres traitaient des plans de paiement à prix réduit et des essais sous conditions. Nous avons réduit les prix en conservant le prix global inchangé, en modifiant uniquement le moment et le mode de paiement.

Dans ce chapitre, nous abordons les downsells. Avec celles-ci, nous effectuons une upsell à la baisse en réduisant le prix. Cependant, au lieu d'offrir une réduction, qui rend le même produit moins cher, nous réduisons le prix *en modifiant ce que le client obtient*.

Explication

Les downsells avec options diminuent les prix en modifiant ce que les clients obtiennent. Je les réalise en proposant des alternatives en moindre quantité, de moindre qualité, à prix réduit, ou en supprimant des composants optionnels.

Toutes les fonctionnalités ont un prix et une valeur. Si vous supprimez quelque chose, le prix diminue, bien sûr. Cependant, la valeur diminue également. Les fonctionnalités que vous supprimez et l'ampleur de la baisse de prix ont une incidence sur l'intérêt de l'offre pour le client. Cette modification du rapport prix/valeur de votre offre influence le comportement d'achat des clients. Les clients souhaitent bénéficier *de la meilleure offre possible*.

Par exemple, si vous supprimez les éléments qu'ils n'apprécient pas et réduisez considérablement le prix, ils bénéficient d'une *meilleure offre*. Si vous supprimez les éléments qu'ils apprécient et réduisez légèrement le prix, ils bénéficient d'une *offre moins avantageuse*. Dans les deux cas, les clients sont incités à acheter. Dans l'histoire, les clients appréciaient la garantie. *La garantie avait beaucoup plus de valeur que son prix.* Ainsi, même s'ils ont d'abord refusé, le fait de supprimer la garantie a immédiatement montré sa valeur. Les clients ont considéré l'offre à prix plus élevé comme une *meilleure affaire*. Ainsi, après avoir vu l'option de downsell, ils ont acheté la première offre.

Les clients reconnaîtront la valeur de ce que vous avez supprimé *lorsqu'ils constateront la différence de prix*. En effet, ils évaluent les économies réalisées par rapport à la valeur perdue. Ainsi, une stratégie de downselling bien pensée incite les clients à se « re-vendre » eux-mêmes les offres plus coûteuses. Cela signifie que vous devez *supprimer les options de la plus élevée à la plus faible valeur*. Comme les clients recherchent un meilleur rapport qualité-prix, cela les incite à effectuer l'achat qui leur offre <u>la plus grande valeur</u>.

Les downsells avec options reposent sur une formule simple : retirer quelque chose, baisser le prix et demander en quelques mots « qu'en pensez-vous maintenant ? ».

Exemples de downsells avec options

Downsell avec options <u>sur la quantité de produits et de services</u> proposés. Pour les services, cela peut se traduire par une quantité moindre, moins de séances, moins de temps ou une durée plus courte. Pour les produits, cela signifie en proposer moins.

<u>Downsell sur la quantité de produits</u> : *au lieu d'un approvisionnement de trois mois, que diriez-vous de commencer par un seul mois ?*

<u>Downsell sur la quantité de services</u> : *au lieu de quatre séances par mois, pourquoi ne pas commencer par deux ?*

Downsell avec options <u>sur la qualité des produits</u>. Pensez à des versions plus anciennes, des matériaux moins fiables, des matériaux de moindre qualité, etc.

<u>Downsell sur la qualité du produit</u> : *au lieu des sièges en cuir, nous pouvons proposer des sièges en vinyle, qu'en pensez-vous ?*

Downsell avec options sur la qualité du service. Cela peut signifier plusieurs choses. Je vais vous présenter quelques méthodes que j'utilise pour modifier la qualité des services. Remarque : cela permet également *d'améliorer* la qualité du service.

Downsell sur la qualité du service : *au lieu d'un délai de réponse de 5 minutes, pourquoi ne pas commencer par un délai de réponse de 24 heures ? Vous réaliserez des économies et obtiendrez toujours vos réponses, avec un léger retard.*

Autres caractéristiques de la qualité du service :

- Disponibilité horaire : à des heures précises ou quand vous le souhaitez
    o Jours de la semaine : lundi/mercredi/vendredi ou tous les jours
    o Heures de la journée : de 9 h à 17 h ou 24 h/24
    o Durée : Assistance téléphonique de 15 minutes ou assistance téléphonique de 60 minutes
- Disponibilité du lieu : un seul lieu ou tous les lieux que nous possédons
- Annulations : frais de report ou gratuité
- Rapidité de réponse : réponse en quelques minutes vs quelques heures vs quelques jours, etc.
- Rapidité de livraison : attente standard ou priorité, le jour même/le lendemain ou la semaine suivante, etc.
- Rapport de service : individuel, collectif ou multiple
- Méthode de communication : assistance par SMS, assistance par chat, assistance téléphonique, vidéo, etc.
- Qualifications du prestataire : propriétaire, employé de longue date, nouvel employé, etc.
- En direct ou enregistré : visionner en temps réel ou visionner *en différé*
- En personne ou à distance : visionner sur place ou visionner ailleurs
- Faites-le vous-même, on le fait avec vous, on le fait pour vous.
- Expiration : Fonctionne indéfiniment, fonctionne pendant une durée X, fonctionne à des moments spécifiques
- Personnalisation : générique ou sur mesure

- Assurance/garantie :
    - o Durée : pour un an ou à vie
    - o Couverture : en cas de problème spécifique ou tout risque
    - o Conditions : inconditionnelle ou uniquement si vous effectuez XYZ

Downsell en <u>supprimant des options entières</u>. Plutôt que de réduire la quantité ou la qualité, vous supprimez l'option elle-même. Dans l'histoire, il a supprimé une garantie.

<u>Suppression de l'ensemble des options de downsell</u> : *au lieu d'offrir une assistance prioritaire par chat, par e-mail et par téléphone, pourquoi ne pas conserver uniquement l'assistance par chat et par e-mail et supprimer l'assistance téléphonique afin de vous permettre de réaliser des économies ? Vous obtiendrez toujours des réponses à vos questions, mais cela nous permettra de gagner du temps et de vous faire bénéficier de ces économies.*

Downsell avec options : <u>du service clé en main au service à faire soi-même</u>. Si quelqu'un refuse toutes vos réductions de service, vous pouvez proposer un autre produit qui résout le même problème.

<u>Downsell de produits prêts à l'emploi ou à monter soi-même</u> :

- <u>Chiropracteur</u> : *Au lieu de vous proposer des ajustements chiropratiques, pourrions-nous commencer par vous fournir des outils que vous pourriez utiliser vous-même à domicile ? Vous pourriez alors vendre des appareils de massage, des rouleaux en mousse, des tapis, etc.*

- <u>Peintre</u> : *Si vous n'avez pas les moyens de me payer pour peindre votre maison, pourquoi ne pas simplement vous fournir la peinture et vous louer l'une de nos machines à pulvériser à un tarif journalier ?*

- <u>Alex Hormozi</u> : *Au lieu que mon équipe et moi-même rachetions votre entreprise et développions activement votre activité, pourquoi ne pas simplement participer à une formation ?* (*Hum hum* Rendez-vous sur acquisition.com)

Points importants

N'oubliez pas : ne négociez jamais le prix. Les personnes qui exigent de payer moins cher pour le même produit sont des terroristes commerciaux. Je ne négocie pas avec les terroristes. Si elles souhaitent payer moins cher maintenant, proposez-leur un plan de paiement. Si elles souhaitent payer moins cher au total, proposez-leur une réduction sur certaines fonctionnalités. Cependant, ne laissez personne payer moins *cher sans raison valable*.

Conservez votre rôle de conseiller utile. N'oubliez pas que la technique de downsell consiste à rechercher *la meilleure offre pour vos clients*. Cela permet de maintenir une conversation collaborative plutôt que compétitive. Si vous vous montrez insistant, vos offres lasseront plus rapidement les clients. En restant un conseiller utile, vous pouvez proposer autant d'offres que nécessaire sans lasser le client.

Optimisez votre processus de downsell. Notre mission consiste à faire en sorte que le produit présente le meilleur rapport qualité-prix *aux yeux du client*. Cependant, au début, vous ne saurez pas grand-chose des préférences de vos clients. Ainsi, en résolvant les mêmes problèmes pour le même type de clients, vous apprendrez ce qu'ils trouvent le plus intéressant. Une fois que vous aurez acquis ces informations, vous pourrez standardiser votre processus de vente. La downsell permet de conclure davantage de ventes lorsque vous savez à l'avance quelles combinaisons de fonctionnalités présenter.

Comment je standardise mon processus de downsell. Tout d'abord, je supprime un élément de valeur et baisse *légèrement* le prix. Je procède ainsi pour inciter les clients à reconsidérer l'offre/le prix initial. Si cela échoue, je continue à supprimer des options et à baisser les prix jusqu'à ce qu'ils achètent. Je préfère que les clients obtiennent *quelque chose* plutôt que rien.

Donnez un nom à vos combinaisons d'options. Donnez à la combinaison la plus chère un nom qui évoque un statut auquel vos clients aspirent, par exemple « Le forfait Premium », « La Transformation Complète », « Le jackpot », etc. Inspirez-vous des compagnies aériennes. Créez votre propre version de la première classe→ , de la classe affaires→ et de la classe économique.

J'ai nommé ma combinaison la plus économique « La basique ». Je l'apprécie car cela implique qu'ils doivent *au moins* acquérir cet article. Si quelqu'un refuse toutes les autres offres, je lui dis simplement « Donc, rien de plus que l'offre basique ? » pour l'amener à dire non pour dire oui (comme dans la upsell classique).

Vérifier le comportement après deux downsells (comme les plans de paiement). Si vous effectuez deux changements consécutifs et qu'ils refusent toujours, assurez-vous qu'ils souhaitent réellement l'article. Je dirais quelque chose comme « *Je comprends. Très rapidement, je souhaite m'assurer. Sur une échelle de 1 à 10, à quel point souhaitez-vous cet article ?* »

S'ils répondent 8 ou plus, commencez à proposer une downsell avec un plan de paiement. « *Excellent. Ne vous inquiétez pas. Nous allons trouver un moyen de vous satisfaire.* » S'ils répondent 7 ou moins, demandez-leur « À quoi correspondrait *une note de 10 ?* », puis recombinez les options pour essayer de répondre à leur « 10 ». Remarque : cela signifie que vous pouvez alterner entre le plan de paiement et la downsell avec options. Lorsque vous utilisez les deux, il devient très difficile de vous refuser.

Après chaque downsell, demandez « Ça vous convient ? » **ou** « **C'est d'accord ?** ». Cette technique est *remarquablement* efficace. Moins de personnes remarqueront que vous modifiez l'offre qui leur est proposée et diront « Non, ce n'est pas bon ». Écoutez comment je présente les downsells avec options dans l'épisode 202 de mon podcast *The Game*, « Comment conclure avec tout le monde : la downsell comme un pro ».

Les initiations gratuites stimulent les ventes de produits à monter soi-même. Une fois qu'une personne a refusé toutes mes offres « Sur Mesure », je demande : « *Même si nous ne travaillons pas ensemble sur X, je souhaite tout de même vous aider. Que diriez-vous de participer demain à une séance d'initiation gratuite sur X ?* » À la fin de la séance, je propose un produit à faire soi-même qui résout le même problème que le service « Sur Mesure ». Par exemple, j'ai proposé une séance d'initiation *gratuite* aux personnes qui avaient refusé mon offre de remise en forme. Parmi les personnes qui se sont présentées à la séance (environ la moitié), presque toutes ont acheté des compléments alimentaires. Cela m'a permis de générer des revenus auprès de personnes qui auraient autrement refusé. Un revenu supplémentaire pour un effort minimal.

Intégrez des downsells avec options dans vos garanties. Si vous offrez déjà une garantie, intégrez sa suppression dans votre processus de downsell. Les clients apprécient la sécurité, donc la supprimer permet à beaucoup d'entre eux de comprendre sa valeur. Cela permet souvent de transformer un « non » initial en « oui ».

Proposez des downsells à vos clients actuels. Les clients qui utilisent toutes les options pour lesquelles ils paient continuent à payer plus longtemps que ceux qui ne le font pas. Ainsi, dès que vous constatez qu'un client n'utilise pas une option, proposez-lui un prix inférieur, en ne lui faisant payer que les options qu'il utilise. Soit il vous indiquera qu'il souhaite conserver cette options et recommencera peut-être à l'utiliser, soit il sera satisfait que vous lui ayez proposé *une offre plus avantageuse*. Cela demande du travail, mais c'est préférable à une résiliation. Fait intéressant : les clients à qui nous avons proposé une downsell *sur mesure* sont les deuxièmes plus rentables de tous mes clients. Lorsque les gens ont un produit qu'ils apprécient à un prix qu'ils trouvent juste, ils continuent à payer.

Échangez contre des avis, des témoignages et des recommandations. Le troc est la plus ancienne forme d'échange. Ma pierre taillée contre ta peau de lapin. J'apprécie le troc.

Si un client conteste le prix, je propose parfois des réductions en échange de publicité. Exemple : « *Je vous accorde une réduction de 100 $ si vous : 1) laissez un avis sur tous les sites 2) me laissez un témoignage vidéo 3) publiez un message public sur les réseaux sociaux au début, au milieu et à la fin de notre programme pour montrer vos progrès 4) invitez deux amis qui pourraient être intéressés par ce programme. Marché conclu ?* » Pour moi, la publicité vaut plus que la remise de 100 $. Pour eux, les 100 $ ont moins de valeur que la publicité. Tout le monde y gagne.

Points à retenir

- La stratégie de downsell avec options consiste à baisser les prix en supprimant des éléments.

- Vous retirez quelque chose, baissez le prix et demandez « qu'en pensez-vous maintenant ? ».

- Les downsells avec options proposent généralement des alternatives en moindre quantité, de moindre qualité et à moindre coût, ou suppriment complètement certaines options.

- Les gens ont tendance à percevoir la valeur de ce que vous avez supprimé *après avoir constaté la différence de prix*. Cela peut inciter davantage de personnes à choisir l'offre la plus coûteuse.

- Si vous supprimez les éléments qu'ils n'apprécient pas et réduisez considérablement le prix, davantage de personnes accepteront la downsell.

- Si vous supprimez les éléments qu'ils apprécient et réduisez légèrement le prix, davantage de personnes accepteront l'offre initiale.

- La première downsell les incite à *reconsidérer ma première offre*. Les autres downsells les incitent à réfléchir à *la meilleure offre pour eux*.

- Si un prospect refuse plusieurs downsells, vérifiez s'il est toujours intéressé par votre produit avant de continuer.

- Si un prospect apprécie une combinaison d'options, mais n'est toujours pas satisfait du prix, proposez-lui une downsell avec un plan de paiement. Cette approche est très efficace.

- Proposez des downsells à vos clients actuels *avant* qu'ils annulent.

- Vous pouvez proposer des remises aux clients en échange de la promotion de votre entreprise.

CADEAU GRATUIT : Formation sur la downsell [sans inscription]

Comprendre les options des services et des produits vous confère un avantage considérable. Cela peut vous aider à rendre vos produits extrêmement rentables *tout en* restant attractifs pour le client. C'est l'un de mes sujets préférés et je vous ai préparé une formation supplémentaire à ce sujet. Vous pouvez la visionner, comme toujours, sur acquisition.com/training/money. J'ai ajouté un code QR pour un accès rapide et facile.

Conclusion sur les offres de downsell

Tout le monde effectue des achats.

Les downsells vous offrent une nouvelle opportunité de convaincre un client en transformant *les refus* en *acceptations*. Par conséquent, il s'agit moins d'avoir une centaine de produits différents avec la même offre que d'avoir une centaine d'offres différentes pour le même produit. Cependant, l'offre *ne* consiste *jamais à proposer le même produit à un prix inférieur*. Nous ajustons simplement l'offre jusqu'à ce qu'elle soit *la plus avantageuse pour eux*. Les revenus supplémentaires augmentent considérablement nos bénéfices sur 30 jours et nous permettent de dépasser nos objectifs.

Nous avons donc utilisé des offres d'attraction pour inciter les clients à *effectuer un premier achat*. Nous avons utilisé des upsells pour les inciter à acheter un produit supplémentaire. Et maintenant, je vous ai présenté mes trois processus de downsell les plus efficaces *au cas où ils refuseraient* : les downsells avec des plans de paiement, les essais sous conditions et les downsells avec options.

Nous abordons maintenant la dernière étape de *$100M - les Modèles d'Argent* : les offres d'abonnement, *qui visent à fidéliser les clients*.

CHAPITRE V : OFFRES D'ABONNEMENT

On peut tondre un mouton toute sa vie, mais on ne peut le dépouiller qu'une seule fois. - John, l'un de mes premiers mentors.

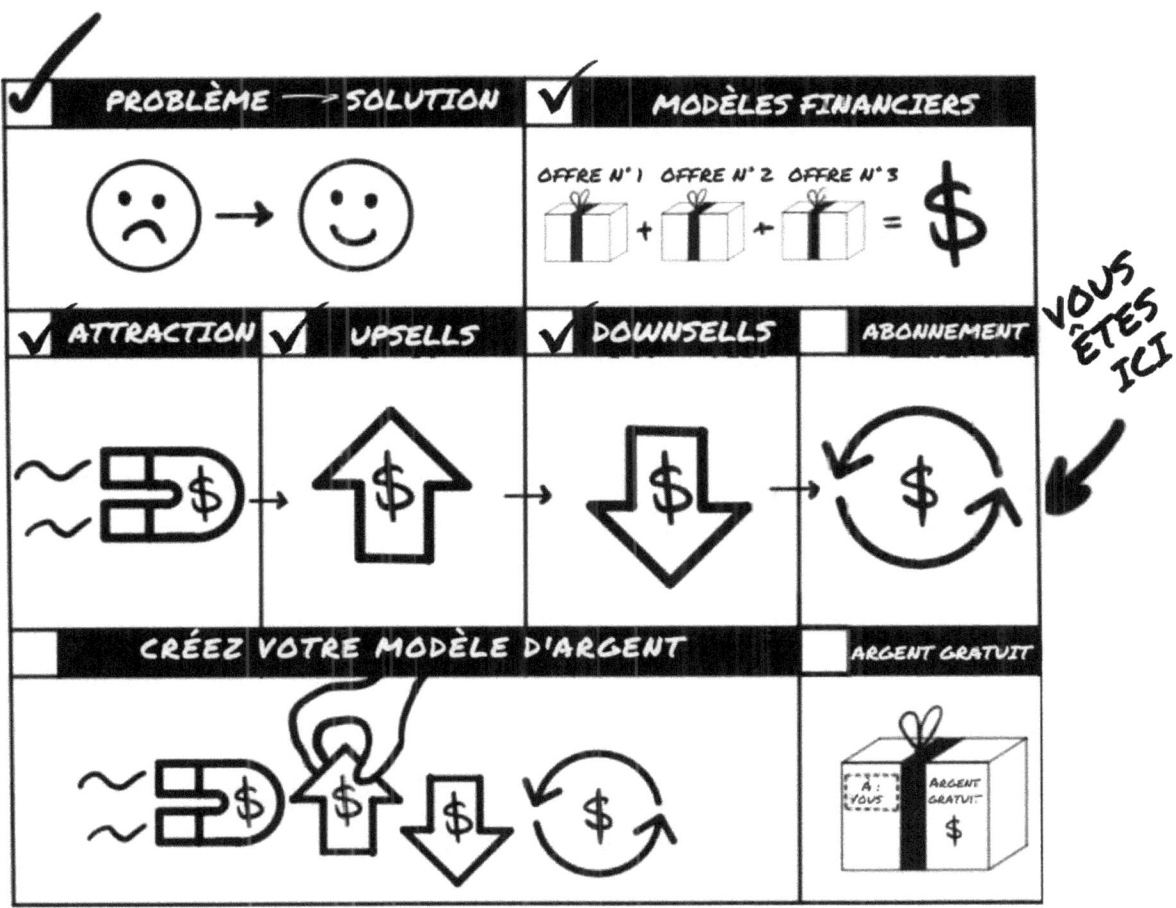

J'ai toujours été un adepte de l'abonnement : fitness personnel, puis salles de sport, puis licences de salles de sport, puis compléments alimentaires, puis logiciels, et maintenant avec Acquisition.com... beaucoup de choses. Inutile de dire que je suis un fervent partisan. La raison principale : lorsque vous maîtrisez les abonnements, vous attirez davantage de clients *et* générez plus de revenus grâce à eux. Les offres d'abonnement *fournissent une valeur ajoutée continue pour laquelle les clients effectuent des paiements réguliers, jusqu'à ce qu'ils résilient leur abonnement.* Elles augmentent les bénéfices générés par chaque client et vous offrent une dernière opportunité de vente. Les offres d'abonnement sont remarquables, car vous effectuez une seule vente, mais vous êtes rémunéré de manière répétée.

Permettez-moi de vous expliquer.

Supposons que vous proposiez un produit à 1 000 $ à 100 personnes et que 10 d'entre elles l'achètent : vous gagnez 10 000 $ (10 x 1 000 $).

Maintenant, supposons que vous vous adressiez aux mêmes 100 personnes, mais que vous proposiez votre produit à 1 000 dollars... à raison de 50 dollars par mois. À 50 dollars, nous pouvons convaincre 40 personnes sur 100 d'acheter. Et si vous fidélisez ces personnes pendant vingt mois, *vous gagnez toujours 1 000 dollars par client*. Vous passez ainsi de 10 000 dollars maintenant et 0 dollar à terme à 2 000 dollars maintenant et 40 000 dollars à terme.

En outre, dans le premier exemple, si vous n'avez vendu qu'à 10 clients, vous n'aurez que 10 clients à qui proposer des upsells ultérieurement. Si vous avez utilisé une offre d'abonnement et vendu à 40 clients, <u>vous aurez quatre fois plus de clients à qui proposer des upsells ultérieurement</u>. La différence est considérable.

Cela illustre les avantages et les inconvénients de l'abonnement. Vous pouvez attirer davantage de clients par rapport à une offre plus coûteuse, mais vos revenus sont *actuellement* plus faibles. Il est donc difficile d'utiliser cette offre comme offre d'attraction <u>à elle seule</u>. Même si vous avez un potentiel de revenus plus élevé à l'avenir, les offres d'attraction continues peuvent entraîner des difficultés financières à court terme.

En faisant *durer* les offres d'abonnement, nous obtenons le top du top. Nous obtenons de l'argent aujourd'hui grâce aux offres d'attraction, aux offres de upsell et aux offres de downsell. Nous obtenons un peu d'argent aujourd'hui et beaucoup d'argent demain grâce aux offres d'abonnement.

Pour être clair, vous pouvez faire des offres d'abonnement où et comme vous le souhaitez. Elles peuvent attirer de nouveaux clients, inciter les clients actuels à acheter des produits plus chers ou moins chers, ou réengager d'anciens clients.

De plus, seules *certaines* offres sont pertinentes pour une offre d'abonnement. Il serait peu judicieux pour quelqu'un de payer pour une formation d'une journée... à vie. Il est plus logique pour lui de payer jusqu'à ce qu'il ait amortit le coût, ce qui en fait un plan de paiement. Parallèlement, il serait probablement inapproprié de proposer un prix unique (même élevé) pour fournir un service à vie. Si vos clients bénéficient d'une valeur continue, il serait probablement judicieux pour eux d'effectuer des paiements continus.

Les trois offres d'abonnement

Toutes les offres visent à inciter les clients à acheter. Cependant, les offres d'abonnement visent à inciter les clients à continuer d'acheter. J'y parviens en combinant des bonus, des remises et des frais.

- Abonnement : offres de bonus
- Abonnement : offres de réduction
- Offre sans frais

Maintenant que nous avons abordé ce sujet, il est important de noter que vous ne pouvez pas fidéliser les clients à votre offre d'abonnement s'ils n'ont pas encore adhéré... alors commençons par là.

CADEAU GRATUIT : Formation sur les abonnements et les offres d'abonnement

Presque toutes les entreprises que j'ai créées ont été motivées par les abonnements. C'est un effet boule de neige qui ne cesse de croître. J'ai réalisé une vidéo pour vous qui présente une formation plus approfondie sur le sujet. Vous pouvez la visionner gratuitement (sans fournir votre adresse e-mail) sur acquisition.com/training/money. Scannez le code QR.

Offres bonus sur abonnement

Si vous aimez cela, vous allez adorer ce qui vient...

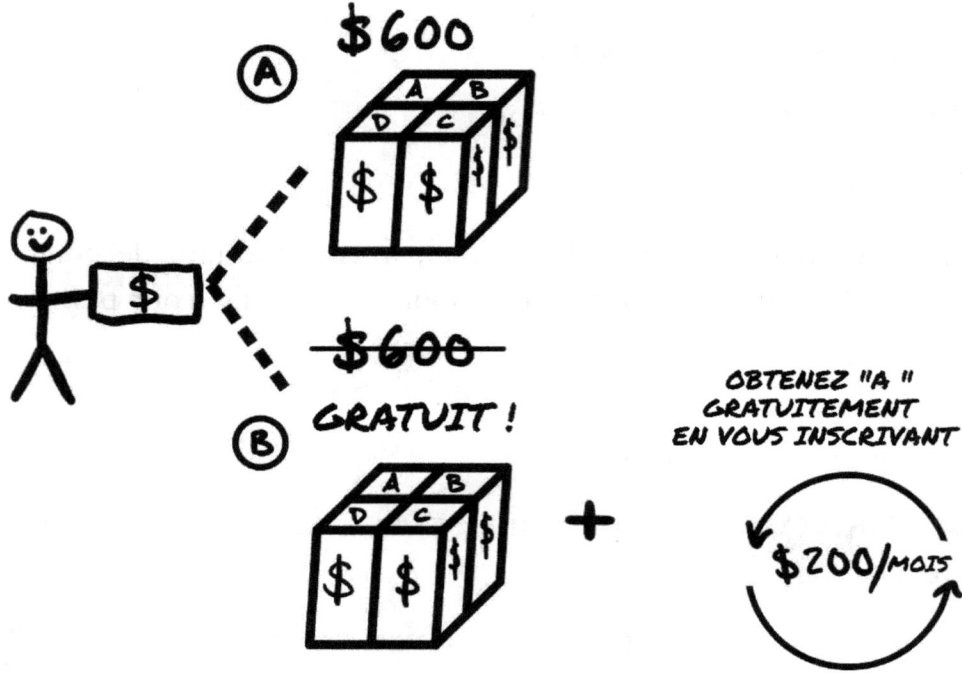

Automne 2019. Lorsque j'ai appris que les bonus incitaient davantage de personnes à adhérer à des programmes d'abonnement...

J'ai enseigné aux propriétaires de salles de sport comment promouvoir des défis de six semaines, et ils ont rapidement réalisé des bénéfices considérables. Cependant, certains d'entre eux avaient des difficultés à fidéliser leurs clients après le défi. Puis, de manière inattendue, j'ai observé une salle de sport qui avait des difficultés, et qui a réussi à atteindre des résultats *nettement supérieurs* à ceux de certains de nos meilleures salles.

Naturellement, j'ai enquêté...

« Mon ami, vos résultats sont impressionnants. Comment parvenez-vous à avoir autant de membres ? » lui ai-je demandé.

« Je ne participe pas réellement au défi de six semaines », a-t-il déclaré.

« Attendez. Que voulez-vous dire ? Vous faites pourtant la promotion du défi de six semaines, n'est-ce pas ? »

« Oui. Mais je leur propose autre chose lorsqu'ils viennent. »

« D'accord... Aidez-moi à comprendre. »

« Nous procédons donc comme d'habitude. Nous expliquons le prix. Et ainsi de suite. Dès qu'ils manifestent leur intérêt, nous leur demandons s'ils souhaitent l'obtenir gratuitement. Ils répondent bien sûr oui. Ensuite, je leur indique que s'ils deviennent membres, nous leur offrirons la gratuité, ce qui leur convient parfaitement. De plus, s'ils deviennent membres, *ils bénéficient également de* bonus exclusifs. Les membres ont accès à de meilleurs horaires de cours, à la cabine de bronzage, à des événements VIP et à toutes sortes d'avantages intéressants. Cela fonctionne extrêmement bien. Enfin, nous leur proposons un abonnement prépayé à prix réduit. »

« Comment ça fonctionne ? » ai-je demandé.

« Eh bien, à toute personne qui s'inscrit, nous demandons immédiatement : *"Souhaitez-vous économiser encore plus d'argent ?"* Ils nous regardent. Nous leur proposons alors une remise prépayée et des bonus pour six mois d'adhésion. »

« C'est formidable. Y a-t-il encore des personnes qui acceptent l'offre initiale ? »

« Certaines le font, bien sûr. On ne peut pas refuser une remise immédiate. »

« Je comprends. Pourriez-vous nous donner quelques chiffres ? »

« Auparavant, sur cent personnes, trente-quatre s'inscrivaient au défi. Puis, quelques semaines plus tard, nous parvenions à convaincre la moitié (*dix-sept*) de rester. Aujourd'hui, seules quinze personnes s'inscrivent au défi, mais *quarante* d'entre elles ont directement pris l'abonnement. Et parmi ces quarante, environ huit optent pour la formule prépayée de six mois. »

« Permettez-moi de clarifier les choses... Vous *avez triplé* les ventes d'abonnements... Vous *continuez* à percevoir des paiements initiaux provenant des défis... *Et* vous accumulez encore plus de paiements initiaux grâce aux abonnements prépayés ? »

Il avait du mal à contenir son sourire. Et pour cause. Sa petite modification était géniale.

Explication

Avec les offres bonus sur abonnement, vous offrez au client un avantage considérable s'il s'inscrit aujourd'hui. En général, le bonus lui-même a plus de valeur que le premier paiement de l'abonnement. C'est aussi simple que cela.

Bonus : ajouter de la valeur. Pour les produits, vous pouvez offrir plusieurs petits articles ou un seul produit important qui complète l'abonnement. Pour les services, vous pouvez offrir un programme défini, une formation initiale, une configuration ou une fonctionnalité qui ajoute de la valeur.

Remise — réduction des coûts. N'oubliez pas que tout ce que vous offrez gratuitement peut également être proposé sous forme de remise. Les cadeaux et les remises influencent notre prise de décision. Il est donc judicieux de proposer *les deux* afin de bénéficier des avantages de chacun.

Lorsque je propose des offres d'abonnement, j'attire davantage *de* personnes si j'ajoute des avantages (bonus) et supprime des inconvénients (remises). Et bien sûr, tout cela fonctionne mieux avec une touche d'urgence : s'ils s'inscrivent *maintenant*. Vous pouvez également proposer le bonus en tant qu'achat indépendant, ou le rendre disponible *uniquement* s'ils souscrivent à votre offre d'abonnement. Les deux options sont possibles.

À elles seules, les offres d'abonnement génèrent moins de liquidités actuellement, ce qui rend difficile l'acquisition de clients de manière rentable. Cependant, grâce à la manière dont je les utilise, nous pouvons toujours atteindre nos objectifs de profit sur 30 jours. Voici comment : tout d'abord, je réalise toutes mes offres d'attraction, upsells et downsells qui rapportent beaucoup d'argent. Ensuite, les offres d'abonnement rapportent un peu d'argent grâce aux paiements du premier mois. Puis, j'offre aux personnes qui ont acheté un mois une réduction si elles paient plusieurs mois à l'avance. Cela augmente encore les bénéfices sur 30 jours, ce qui me donne plus d'argent pour faire de la publicité *et* accumuler des revenus continus. Ce n'est pas négligeable.

> **Note de l'auteur :** Aucune entreprise prospère proposant des offres d'abonnement que j'ai observée n'offre une adhésion autonome. Elles proposent toutes des options supplémentaires pour augmenter leurs ventes. La raison principale est qu'il est difficile de promouvoir de manière rentable les offres d'abonnement. Personne ne souhaite s'engager à long terme pour quelque chose qu'il n'a pas encore essayé. Pour compenser cela, les entreprises attirent les clients avec des offres d'essai, par exemple. Ensuite, une fois que les clients ont adhéré, elles leur proposent d'autres fonctionnalités et des options de prépaiement à plus long terme. Cela leur permet d'obtenir les fonds nécessaires pour faire de la publicité *tout en* générant des revenus continus.

Exemples pour inciter les gens à prendre un abonnement

Produit physique : offre d'abonnement pour les aliments pour animaux

Bonus unique : recevez gratuitement tous les jouets pour chiens que nous avons fabriqués, d'une valeur de 800 dollars, lorsque vous vous abonnez à des livraisons mensuelles de nourriture pour chiens pour 59 dollars par mois.

Bonus mensuels : en tant que membre, vous recevrez chaque mois un nouveau jouet pour chien.

Service : offre de programme intensif

Bonus unique : le programme intensif coûte 1 000 $ à lui seul. Obtenez-le gratuitement en devenant membre pour 100 $ par mois.

Pack bonus : les membres de la communauté VIP bénéficient d'un accès prioritaire à nos événements, d'heures d'assistance prolongées, d'un meilleur service client, etc.

Offre de produit numérique

Bonus unique : recevez mes 40 dernières newsletters d'une valeur de 15 880 $ en devenant membre dès aujourd'hui pour seulement 399 $/mois après un essai gratuit de 30 jours.

Réduction à vie + *Bonus à vie :* En effectuant votre paiement aujourd'hui, vous pouvez bénéficier d'une remise à vie de 299 $ par mois. Bénéficiez d'un accès numérique anticipé *et* d'une copie physique chaque mois.

Remarque : utilisez les éléments du chapitre « Downsell avec options » pour créer de meilleurs bonus.

Points importants

Concentrez-vous sur le bonus, pas sur l'adhésion. « Rejoignez mon programme d'adhésion » n'est pas aussi convaincant que « obtenez ce bonus gratuit ». Mettez donc cela en avant dans votre publicité. Expliquez le reste une fois que les clients ont manifesté leur intérêt.

Les bonus fonctionnent un peu comme des upsells.

Dans le même ordre d'idées: en devenant membre, vous recevez gratuitement deux ans de newsletters.

Complémentaire: Vous bénéficiez de services nutritionnels gratuits lorsque vous souscrivez à notre abonnement fitness.

Surclassement: vous bénéficiez d'un abonnement Gold gratuit lorsque vous achetez un abonnement Bronze (disponibilité limitée).

Veillez à ce que vos bonus soient en rapport avec votre offre principale. Si le bonus est trop différent, vous risquez *d'attirer les mauvais clients*. Par exemple, il n'est pas judicieux de proposer un t-shirt gratuit pour promouvoir des services technologiques. En revanche, offrir un t-shirt gratuit pour promouvoir l'impression de t-shirts est tout à fait pertinent.

Offrez des bonus de choses que vous possédez déjà et que vous faites déjà. Par exemple, les newsletters des deux dernières années ne vous ont pas demandé de temps supplémentaire, mais elles ont une très grande valeur. Et l'initiation est quelque chose que vous devez de toute façon faire avec le client, alors autant lui attribuer un prix et la lui offrir en bonus. Si vous l'appréciez, ils l'apprécieront aussi.

Bonus physiques sur les produits numériques et bonus numériques avec les produits physiques. Si je propose un abonnement numérique, je pourrais offrir une casquette, un t-shirt ou un outil, etc. en rapport avec l'offre. Si je propose un produit ou un service physique, comme un abonnement à une salle de boxe, offrir des cours en ligne peut inciter davantage de personnes à s'inscrire. Cette stratégie réduit souvent le coût d'acquisition d'un client plus que le coût du bonus. Et c'est là tout l'intérêt. De plus, si certaines personnes profitent du bonus et partent, la réduction des coûts publicitaires peut tout de même compenser cette perte. Si les clients sont trop coûteux, essayez cette stratégie.

Utilisez des prix bonus réalistes. Plus la valeur de référence de votre bonus est élevée, plus l'offre est attrayante. Cependant, cette valeur de référence doit également être crédible. Certains chefs d'entreprise proposent des valeurs peu réalistes. Évitez cette pratique. Cela ne fidélisera pas le client et vous perdrez sa confiance. C'est une excellente occasion de distribuer des produits que vous avez déjà vendus. Vous pouvez utiliser leurs prix réels comme remises et bonus *réels*.

Vous pouvez récompenser vos clients en leur attribuant des titres. Envisagez d'attribuer des titres à vos clients après trois, six ou douze mois de fidélité, voire plus. Des titres tels que « argent », « or », « diamant », « double diamant », etc. Une de mes amies proches a adopté cette pratique et, après un certain temps, elle a constaté que ses clients accordaient plus d'importance au titre qu'à toute autre récompense. Elle m'a rapporté qu'ils se présentaient même à elle en utilisant leur titre. Donc, si vous ne savez pas quoi leur offrir, vous pouvez au moins leur donner un titre spécial.

Vous pouvez offrir des bonus gratuits sous forme de réductions et des réductions sous forme de bonus gratuits.

Bonus gratuit : Adhérez pour 200 $ et vous recevrez ce programme d'une valeur de 1 000 $ en bonus gratuit. Remise importante : Obtenez le programme d'une valeur de 1 000 $ pour seulement 1 $ en adhérant pour 200 $.

Lorsque vous présentez votre offre d'abonnement, mettez l'accent sur les bonus. Commencez par leur présenter les avantages du bonus exceptionnel. Pas votre offre d'abonnement, mais le bonus. Ensuite, utilisez votre bonus de grande valeur comme point d'ancrage. Cela peut les surprendre, mais *ce n'est pas grave.* Car ensuite, vous leur demandez : « Souhaitez-vous savoir comment obtenir cela gratuitement ? » S'ils répondent oui, ce qui sera le cas, expliquez-leur comment : « *Devenez membre VIP dès aujourd'hui et vous recevrez tout cela en cadeau pour votre adhésion. Ou vous pouvez simplement l'acheter pour XXX $. Que préférez-vous ?* »

Plus de bonus incitent davantage de personnes à s'inscrire. Après leur avoir demandé s'ils souhaitent savoir comment l'obtenir gratuitement, vous leur indiquez qu'ils peuvent l'obtenir en s'inscrivant. Ensuite, vous ajoutez : « *De plus,* en devenant membre, vous bénéficierez de… avantage 1, avantage 2, avantage 3. » *Mentionnez la valeur monétaire de chaque avantage pour en souligner l'importance.* En accumulant les bonus de cette manière, vous inciterez encore plus de personnes à rejoindre votre programme de fidélité.

Rendre les bonus accessibles uniquement aux personnes qui adhèrent. Si vous souhaitez encourager l'abonnement, proposez-le comme seule option. En d'autres termes, rendez les bonus *accessibles uniquement* aux personnes qui adhèrent.

Tarification pour l'abonnement ou paiement initial. Pour diverses raisons, certaines personnes préfèrent les paiements uniques à *l'abonnement, même si les paiements uniques sont plus élevés.* Il est donc conseillé de proposer une option de paiement unique plus élevée. De cette manière, certains clients vous permettront de générer plus de revenus *aujourd'hui,* tandis que d'autres vous assureront des revenus récurrents pour *demain.* Nous ajustons le prix en fonction de nos objectifs. J'ai testé cette approche à plusieurs reprises et, du moins pour moi, les données dans cette fourchette semblent claires. Veuillez consulter les résultats :

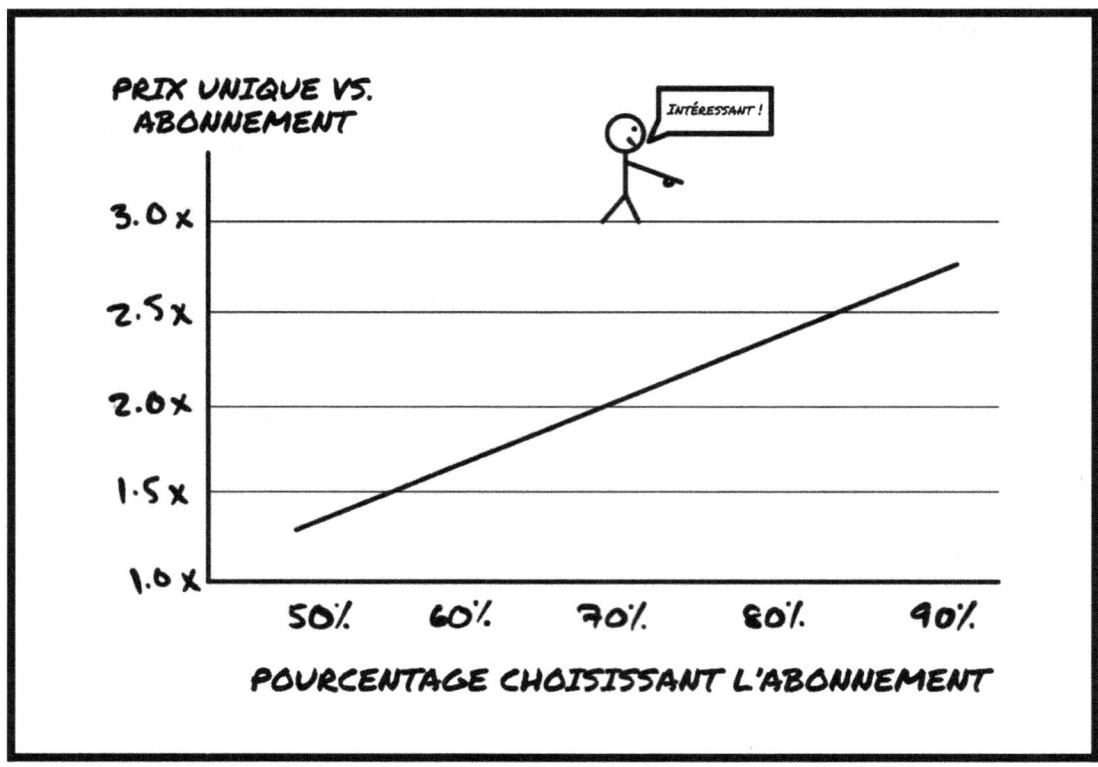

Pour que 50 % des clients choisissent l'abonnement, augmentez le prix de l'offre autonome de 1,33 fois.

Exemple : 399 $ pour l'offre unique (266 $/mois) ou 199 $/mois pour l'abonnement

Pour que 60 % des clients choisissent l'abonnement, proposez une offre unique 1,66 fois plus élevée.

Exemple : 499 $ pour l'offre unique (333 $/mois) ou 199 $/mois pour l'abonnement

Pour que 70 % des clients choisissent l'abonnement, proposez une offre unique deux fois plus élevée.

Exemple : 599 $ pour l'offre unique (399 $/mois) ou 199 $/mois pour l'abonnement

Pour que 80 % des clients choisissent l'abonnement, augmentez l'offre unique de 2,33 fois.

Exemple : 699 $ pour l'offre unique (466 $/mois) ou 199 $/mois pour l'abonnement.

Pour que 90 % des clients choisissent l'abonnement, proposez une offre unique 2,66 fois plus avantageuse.

Exemple : 799 $ pour l'offre unique (532 $/mois) ou 199 $/mois pour l'abonnement

Les chiffres exacts importent moins que le principe. *Plus le prix de l'offre unique est inférieur au prix de l'abonnement, plus les clients sont nombreux à choisir l'offre* unique. *Plus le prix de l'offre* unique *est supérieur au prix de l'abonnement, plus les clients sont nombreux à choisir l'abonnement.*

Si vous souhaitez obtenir davantage de liquidités immédiates, proposez des offres *distinctes* pour les bonus et les offres d'abonnement + bonus. Proposez l'offre bonus uniquement sous forme de paiement unique dont le coût est 1,33 à 2,66 fois plus élevé que le premier mois de l'offre d'abonnement + bonus. Plus la différence de prix est importante, moins vous aurez d'achats individuels. Cependant, vous gagnerez davantage d'argent dès le départ pour chaque achat. D'après les données que je viens de partager, les clients sont prêts à payer 33 % de plus pour éviter l'abonnement. En d'autres termes, même si vous facturez 33 % de plus pour un achat unique, la moitié des clients l'achètera.

Si vous souhaitez augmenter vos revenus, proposez des remises sur les achats groupés prépayés. Les upsells groupées augmentent considérablement les bénéfices sur 30 jours. Supposons que vous proposiez une offre « cinq mois achetés, un mois offert ». Il suffit qu'*une personne sur huit* accepte cette offre pour augmenter les bénéfices sur 30 jours de 50 % ! Cela peut faire la différence entre le succès et l'échec de votre Modèle d'Argent. Remarque : les lois des remises s'appliquent : plus la remise est importante, plus les gens seront nombreux à en profiter.

Si vous souhaitez obtenir des engagements, soyez prêt à faire un compromis. Si vous souhaitez obtenir des engagements, échangez-les contre des bonus. Par exemple, n'accordez le bonus qu'aux clients qui s'engagent pour une durée de 3, 6 ou 12 mois ou plus. En ne l'accordant qu'aux clients qui s'engagent, vous perdrez les personnes qui se seraient abonnées au mois pour obtenir le bonus. Cela se traduira par une baisse des ventes, mais vous obtiendrez des clients plus engagés. C'est le compromis que vous faites.

Points à retenir

En fin de compte, proposer de véritables remises suivies de bonus gratuits intéressants *suscite l'enthousiasme des clients* pour votre offre. Ensuite, s'ils acceptent votre offre d'abonnement, vous pouvez leur proposer des plages de temps supplémentaires afin d'augmenter encore davantage vos bénéfices sur 30 jours.

- Avec les bonus sur abonnement, vous offrez au client un avantage considérable s'il s'inscrit aujourd'hui. En général, le bonus lui-même a plus de valeur que le premier paiement de l'abonnement.

- Si vous utilisez un abonnement comme offre promotionnelle, mettez en avant ce que vous offrez, et *non* ce que vous vendez.

- Assurez-vous que votre bonus soit en rapport avec votre offre principale afin d'attirer les bons prospects.

- Dans la mesure du possible, proposez des bonus que vous offrez déjà ou que vous proposez déjà. Ainsi, vous n'aurez pas besoin de modifier votre activité ou de créer de nouveaux produits.

- Plus vous ajoutez de bonus et de réductions, plus les gens seront nombreux à prendre un abonnement.

- Pour ajouter des bonus, proposez des avantages supplémentaires *uniquement* s'ils s'inscrivent.

- Pour offrir une remise, déduisez le coût des produits, services et options que vous vendez.

- Vendez la valeur du bonus avant de leur expliquer comment l'obtenir gratuitement.

- Proposez des bonus en tant qu'option indépendante pour obtenir plus d'argent dès le départ.

- Si vous souhaitez que la moitié des personnes acceptent l'offre unique, fixez son prix à 33 % au-dessus de votre offre d'abonnement.

- Augmentez encore davantage vos recettes immédiates en proposant une remise sur l'abonnement s'ils achètent en gros.

CADEAU GRATUIT : Formation sur les offres bonus sur abonnement

Il existe de nombreuses façons innovantes de structurer les bonus afin de stimuler les ventes d'abonnements. J'ai réalisé une vidéo pour vous sur ce chapitre et d'autres façons créatives dont j'ai été témoin. Vous pouvez la visionner gratuitement sur acquisition.com/training/money. Scannez le code QR pour un accès rapide et facile.

Offres de remise sur les abonnements

Si vous vous inscrivez aujourd'hui, vous bénéficiez de X temps gratuit.

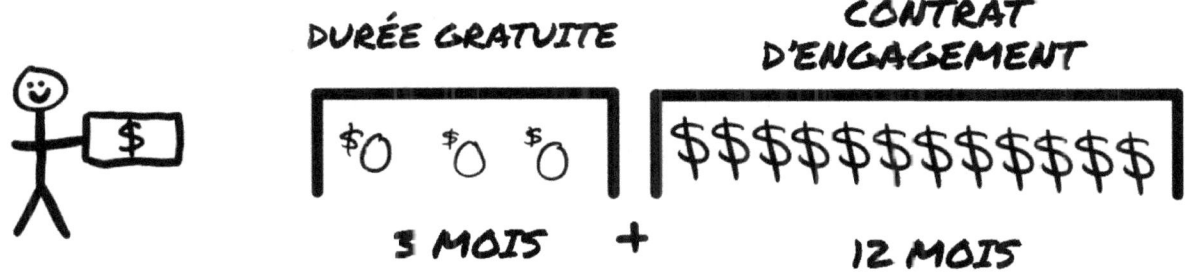

Printemps 2018.

Leila et moi venions d'emménager dans l'une des plus belles banlieues d'Austin. Lors de notre promenade de l'après-midi, une voisine nous a souri et nous a fait signe de venir. Elle semblait vouloir nous accueillir dans le quartier par une conversation informelle. *Je n'apprécie pas particulièrement ce genre de conversation.* Cependant, en m'approchant, j'ai commencé à m'intéresser. Le jardin était impeccable. Une Ferrari dépassait du garage pour le « nettoyage de printemps ». La table du patio était jonchée de cigarettes et de canettes de bière.

« Bonjour, bienvenue dans le quartier... Je vais chercher mon mari. » J'ai souri en serrant les dents. *C'est parti.* Le personnage est apparu : casquette à l'envers, tongs, fort accent du Midwest, parlant à toute vitesse et arborant le plus large sourire que vous ayez jamais vu.

« Bonjour, mon vieux ! Enchanté. Je vois que vous n'êtes ni médecin ni avocat, vu votre jeune âge. Alors, que faites-vous dans la vie ? » Il est également allé droit au but. *Quel soulagement.*

Je lui ai parlé un peu de mes salles de sport, de leur lancement et de l'essor de Gym Launch. Il a approuvé d'un signe de tête. Il a dit qu'il appréciait d'avoir un autre chef d'entreprise dans le quartier.

« Et vous ? » lui ai-je demandé.

Il a souri. « *Les poubelles.* »

« Quoi ? »

« *Les poubelles.* »

Voyant mon air perplexe, il a poursuivi.

« Bon, vous voyez, je savais, grâce à mon expérience dans le domaine des déchets, qu'il n'y avait pas beaucoup de concurrence. Les grandes entreprises et autres allaient toutes au même endroit pour leurs besoins en matière de déchets. »

« Alors, qu'avez-vous fait ? »

« Eh bien, j'avais un camion, j'ai pris ma carte de crédit et j'ai pris un risque. » Il a poursuivi : « Je me suis rendu dans tous les grands immeubles et j'ai proposé de m'occuper gratuitement de leurs déchets pendant un an s'ils m'engageaient pour les cinq prochaines années. Cela a bien fonctionné. Avant même que je m'en rende compte, ils m'avaient tous engagé comme éboueur. »

« Incroyable », ai-je dit. « Vous avez travaillé gratuitement une année entière ? »

« En effet. Et je peux vous dire que *cela a été la chose la plus difficile que j'ai jamais accomplie*. Personne ne souhaitait investir dans mon entreprise, pas même ma famille. Ils me prenaient tous pour un fou. Cependant, après cette première année, l'argent a commencé à tomber. Je me suis alors *rempli les poches*. Et après avoir appliqué cette méthode pendant quelques années, j'ai vendu l'ensemble de l'entreprise pour une somme considérable. »

« Bien joué l'ami. Je n'aurais jamais imaginé qu'il y avait autant d'argent dans les poubelles. »

« Il y a de l'argent dans les poubelles, que veux-tu que je te dise. Ah oui attends... tu veux une bière ou quoi ? »

Inutile de préciser que nous sommes restés amis jusqu'à aujourd'hui.

***

En écoutant le récit de son succès, j'ai compris toute la puissance d'une offre simple bien conçue. Cela étant dit, passons en revue quelques points importants afin que vous puissiez réussir comme lui.

De plus, si vous pensez que cela ressemble à une offre « Achetez X, obtenez Y gratuitement » adaptée à un abonnement, vous avez raison. Cependant, il existe suffisamment de différences spécifiques dans les abonnements pour justifier un chapitre à part entière.

Explication

Pour proposer une remise ponctuelle sur un abonnement, vous offrez gratuitement des produits ou des services si le client s'engage à acheter davantage de produits et de services *sur le long terme.* Cela peut attirer de nombreux clients potentiels et facilite la vente pour tout le monde.

Si vous observez autour de vous, vous constaterez que cette offre est présente dans de nombreux secteurs. Elle est efficace. Pensez à Internet, au nettoyage de piscines, aux abonnements à des salles de sport, au paysagisme et à tout ce qui peut être loué. Je cite ici les exemples les plus courants, mais vous pouvez appliquer cette stratégie dans n'importe quel secteur, à condition de connaître deux éléments. Premièrement, comment vous allez appliquer la réduction — je le fais de quatre façons différentes. Et deuxièmement, votre politique d'annulation — car les gens ne respectent pas toujours leurs engagements.

Exemples

J'applique la remise de quatre manières différentes : dès le départ, à la fin, échelonnée ou après le premier ou les deux premiers mois.

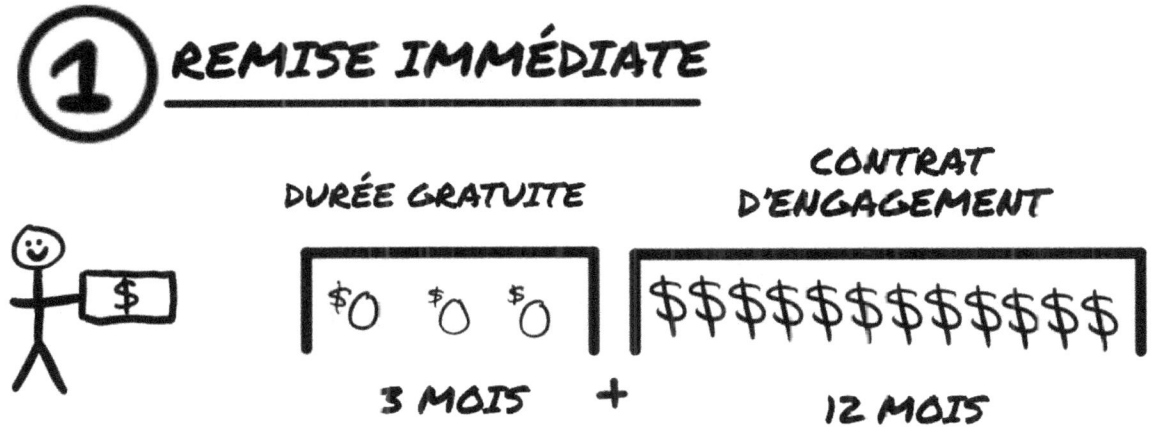

Remise immédiate. Vous appliquez la remise d'emblée et prolongez la durée. Ainsi, la période « officielle » commence après la fin de la période gratuite. Cette approche est particulièrement efficace dans les secteurs qui ont toujours réussi à faire respecter les contrats (téléphonie mobile, stockage, immobilier, équipement ou tout autre domaine impliquant des garanties). Deux remarques : premièrement, si votre taux de désabonnement est historiquement élevé, ignorez cette option et envisagez les autres. Deuxièmement, cela ne vous permet pas d'obtenir des clients rentables. Cela vous permet d'attirer des clients, mais retarde les rentrées d'argent. Si vous souhaitez des options plus rentables, poursuivez votre lecture.

Remise à la fin. Vous pouvez appliquer la totalité de la remise à la fin et prolonger la durée. Tant qu'ils effectuent tous leurs paiements à temps, ils bénéficient d'un délai supplémentaire équivalent à la valeur de la remise. Ils *gagnent* ainsi du temps gratuit.

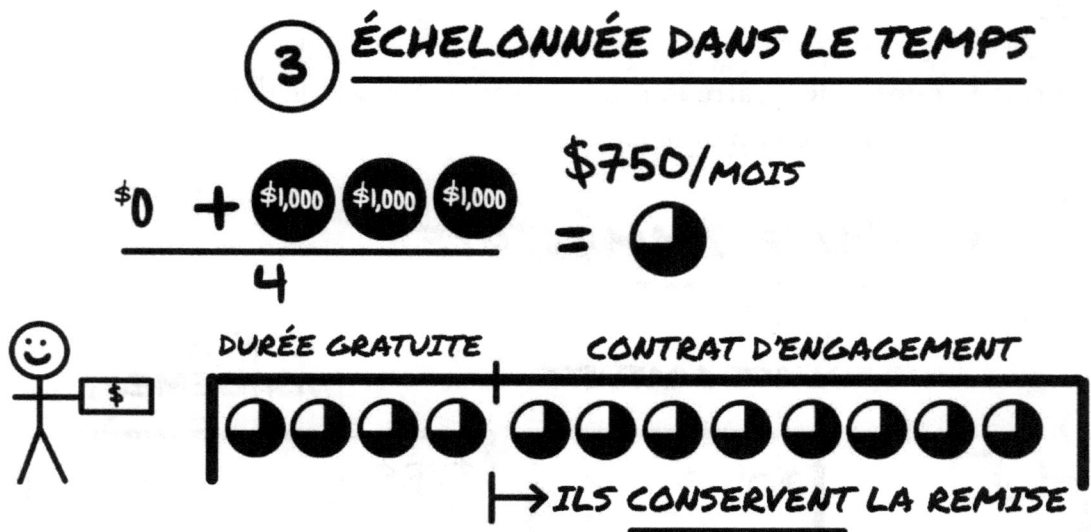

Remise échelonnée dans le temps. Appliquez la remise sur toute la durée. Supposons que vous offriez trois mois gratuits pour un engagement d'un an. À 200 $ par mois, vous avez accordé une remise de 600 $. En répartissant cette remise de 600 $ sur 12 mois, ils bénéficient d'une remise de 50 $ *par mois*, soit 600 $ sur 12 mois (=). Vous pouvez également leur indiquer que s'ils effectuent tous leurs paiements dans les délais, ils pourront conserver cette remise à vie après la fin de la période.

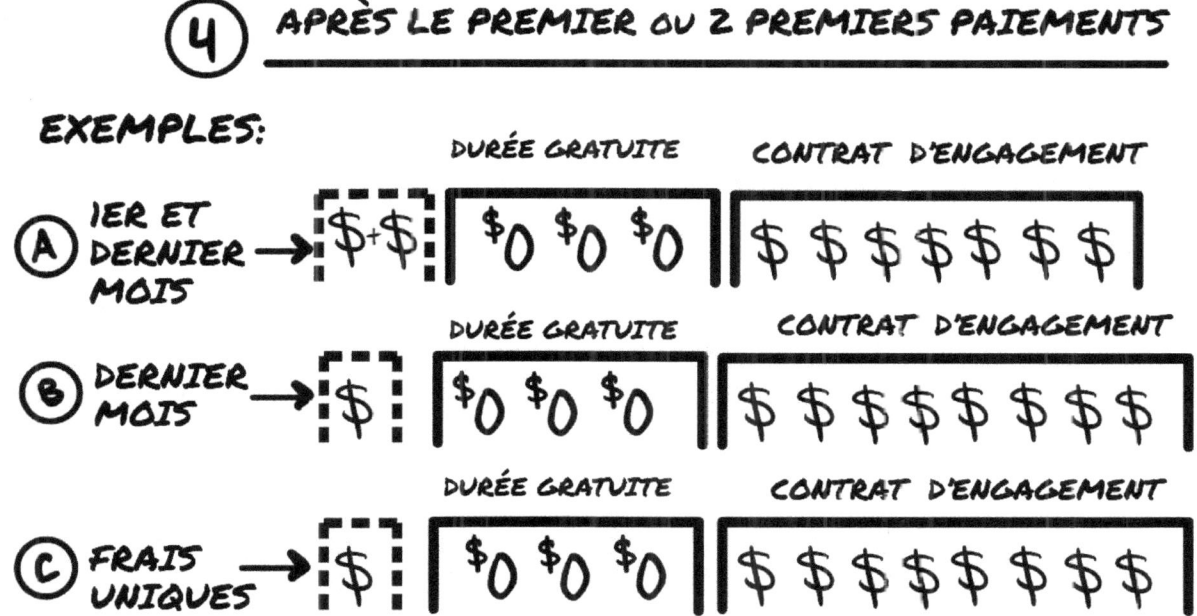

Après le premier ou 2 premiers paiements. Ils effectuent quelques paiements, puis bénéficient d'une remise unique. De cette manière, vous percevez une certaine somme pour couvrir les frais de publicité et une partie des frais de livraison. Je préfère présenter l'offre comme « *premier et dernier mois* », « *dernier mois payé d'avance* » ou ajouter *des frais d'activation* avant d'obtenir la valeur du bonus. Cela garantit également que le client utilise un moyen de paiement valide... un détail mineur mais important lorsque vous dirigez une entreprise.

Points importants

Le conseil où chaque mot vaut de l'or dans ce livre Veuillez ignorer cette section si vous n'aimez pas l'argent. Facturez *hebdomadairement* (chaque semaine, toutes les deux semaines, toutes les quatre semaines, toutes les douze semaines, etc.). Voici pourquoi. Une année compte 12 mois, mais elle comporte 13 cycles de quatre semaines. *Cela représente une différence de 8,3 %.* Si je propose mon produit à « 100 $ toutes les quatre semaines » (au lieu de 100 $ par mois), le nombre d'acheteurs reste le même. Cependant, je gagne 8,3 % de plus par an. Pour mettre cela en perspective, si votre entreprise a une marge de 20 %, cette fait grimper le bénéfice annuel de 41 %. Et le plus intéressant, c'est que vous n'avez pas à fournir plus d'efforts. Il suffit de modifier quelques mots. Qu'est-ce que vous pouvez faire d'autre légalement qui vous rapporte autant d'argent pour si peu d'efforts ? Cela m'a littéralement rapporté *des millions de bénéfices nets.* Alors oui, faites-le.

Ne réduisez pas la durée de l'abonnement avec des réductions, prolongez-la. Supposons que vous offriez trois mois gratuits pour tout abonnement d'un an. Cela pourrait signifier qu'ils paient neuf mois et en obtiennent trois gratuits (12 mois au total). Ou bien, cela pourrait signifier qu'ils paient 12 mois et en obtiennent trois gratuits (15 mois au total). Je préfère commencer par prolonger la durée. Ensuite, je peux proposer une offre à prix réduit pour une durée plus courte.

Obtenez 3 % de revenus supplémentaires pour cinq mots en plus. « Oui, c'est X dollars *plus 3 % de frais de transaction*. » Au cours de ma carrière, je n'ai jamais rencontré de client qui ait renoncé à un achat en raison des frais de transaction. Cependant, ces 3 % ajoutés à votre chiffre d'affaires *sans effort supplémentaire* se répercutent directement sur votre résultat net. Si vous gérez une entreprise avec une marge bénéficiaire de 10 % et que vous ajoutez 3 %, vous augmentez votre bénéfice de 30 %. Cela en vaut la peine. Cette stratégie est particulièrement efficace lorsqu'elle est associée à...

Obtenir deux modes de paiement. Les entreprises qui proposent des abonnements perdent des sommes considérables en raison de problèmes liés à la gestion des paiements. Premièrement, les clients n'annulent pas leur abonnement, mais leurs informations de paiement changent ou expirent. Deuxièmement, les clients atteignent la limite de leur carte ou n'ont pas suffisamment de fonds. Nous résolvons ces deux problèmes avec la même solution. Je leur demande s'ils souhaitent bénéficier d'une réduction de 3 % (des frais de transaction assez standard). « *Souhaitez-vous économiser les frais de transaction ?... Excellent. Veuillez nous fournir un deuxième mode de paiement au cas où il arriverait quelque chose au premier.* » S'ils vous demandent pourquoi, ce qui est rare, répondez simplement : « *Nous facturons des frais de transaction parce que cela nous coûte du temps de travail pour obtenir chaque mois les nouvelles informations de paiement de nos clients. Donc, si vous nous faites gagner du temps, nous vous faisons bénéficier de cette remise.* »

Optez pour le prélèvement automatique si possible. Si vous disposez d'un deuxième mode de paiement, envisagez le prélèvement automatique. Il s'agit d'un mode de paiement directement lié au compte bancaire du client. C'est le moyen le plus économique pour effectuer des transactions, à l'exception des espèces. Si vous n'êtes pas familier avec le prélèvement automatique, veuillez vous renseigner.

Cartes-cadeaux. Offrez la réduction sous la forme d'une carte-cadeau physique. Vous pouvez l'envoyer par la poste si le client réside hors de la région. Le client peut appliquer la réduction quand il le souhaite *après les trois premiers paiements*. Vous pouvez également lui indiquer qu'il peut l'offrir à un ami s'il le souhaite. Vous disposez ainsi d'un aimant à prospects ! Au-delà de cela, de nombreuses personnes oublient tout simplement de l'utiliser. Dans ce cas, vous obtenez une inscription au prix fort. Excellent !

Proposez une remise à vie au moment où vos clients sont le plus susceptibles de vous quitter. Vous annoncez la remise à vie, mais vous faites en sorte que les clients la *méritent*. Ils bénéficient d'un tarif réduit s'ils restent au-delà d'une période X. Définissez X comme le mois où vos clients résilient en moyenne.

Supposons que vous sachiez que chaque client reste en moyenne quatre mois. Vous informeriez tout le monde dès le départ qu'ils bénéficieront d'une remise à vie après quatre mois. À l'approche de cette date, vous leur feriez savoir que leur nouveau tarif réduit est imminent.

Exemple concret : j'ai observé une entreprise de riz qui vendait (beaucoup) de riz. Elle proposait trois options tarifaires : 1) un prix unique 2) une réduction de 5 % sur l'abonnement 3) une réduction de 15 % *si vous restiez abonné pendant cinq mois consécutifs*. Vous bénéficiez alors d'un tarif réduit à vie. Je suis certain qu'ils ont calculé que cela dépassait légèrement le seuil auquel la plupart des gens annulaient leur abonnement.

RÉSILIATIONS

Il est essentiel de définir à l'avance une politique de résiliation. Il existe de nombreuses politiques courantes : préavis de 30 ou 60 jours, frais d'annulation, annulation à tout moment, etc. Étant donné que tous les clients bénéficient d'une réduction quelconque sur mes offres d'abonnement, voici ma politique préférée :

Il suffit de fixer les frais d'annulation à hauteur de la remise dont ils ont bénéficié. Ainsi, s'ils ont obtenu une remise de 600 $ en s'engageant, ils peuvent payer 600 $ s'ils souhaitent annuler. C'est simple à expliquer.

Assurez-vous que les clients savent comment annuler. Si les clients n'ont aucun moyen de se plaindre au sein de votre entreprise, ils le feront certainement à l'extérieur. Si vous ne leur offrez pas de moyen évident d'annuler, davantage de personnes partiront *et* se plaindront. En leur fournissant un moyen clair de vous contacter, vous aurez une réelle chance de les retenir. *Les petites entreprises ne s'enrichissent pas en compliquant la vie de leurs clients.* Si vous leur facilitez la tâche, vous recevrez moins d'avis 1 étoile et aurez une chance de les sauver lorsqu'ils le feront, car vous en serez informé.

Si un client souhaite résilier son contrat, proposez-lui un entretien de départ. Certaines personnes ont besoin de s'exprimer. Permettez-leur de le faire. Montrez-vous plus préoccupé par le problème qu'eux. Ils pourraient alors tenter de vous refroidir. Parfois, ils se rattraperont eux-mêmes ! S'ils se plaignent d'un problème que vous pouvez résoudre, alors, bien sûr, résolvez-le. Et s'ils souhaitent un produit de meilleure qualité, proposez-leur une mise à niveau vers un service supérieur, si vous en avez un à offrir. J'ai vu de nombreuses personnes acheter une offre à bas prix, puis se plaindre parce qu'elles souhaitaient bénéficier de fonctionnalités plus coûteuses. Je leur propose donc des fonctionnalités plus coûteuses, et elles les achètent. Oui, cela arrive. Et oui, cela fonctionne.

Utilisez les frais d'annulation à l'avantage du client. Je pourrais dire : « Je vous dispense des frais d'annulation si vous venez me dire ce que je pourrais améliorer. » Cela donne aux clients une *véritable* raison de donner leur avis. Ensuite, je peux utiliser leurs commentaires pour résoudre le problème ou leur proposer une offre mieux adaptée à leurs besoins. Au pire, ils auront des commentaires plus positifs à faire sur l'entreprise si je m'efforce réellement de résoudre le problème. Je parviens régulièrement à conserver un tiers des clients qui acceptent de participer à des entretiens de résiliation.

Points à retenir

- Les offres de remise sur abonnement accordent une période de gratuité *si* le client s'inscrit aujourd'hui.

- Les remises accordées dès le départ convertissent davantage de clients, mais peuvent entraîner un taux de résiliation plus élevé.

- Les remises différées convertissent moins de clients, mais réduisent le taux de résiliation.

- Répartir la remise permet de maintenir les flux de trésorerie tout en offrant la remise complète.

- Utilisez des cartes-cadeaux pour offrir la remise aux nouveaux clients et leur permettre de l'offrir à un ami ou de l'utiliser eux-mêmes à une date ultérieure. Vous obtiendrez une inscription au prix plein et une recommandation !

- Permettez aux clients de bénéficier d'une remise à vie *pendant le mois où le taux de résiliation est le plus élevé* afin de les encourager à rester fidèles à votre entreprise et à bénéficier d'un tarif réduit à vie.

- Des conditions d'annulation souples incitent davantage de personnes à s'abonner, mais elles sont également plus nombreuses à résilier leur abonnement. Des conditions plus strictes entraînent moins d'inscriptions, mais aussi moins de résiliations. Je préfère que les clients résilient leur abonnement en payant la réduction dont ils ont bénéficié grâce à leur engagement. Ils reviennent ainsi au tarif mensuel.

- Assurez-vous que les clients savent comment résilier leur abonnement.

- Si un client souhaite résilier son contrat, proposez-lui un entretien de résiliation. Encouragez-le en lui indiquant que vous renoncerez aux frais de résiliation s'il accepte. Cet entretien vous permettra souvent de le fidéliser ou de lui proposer un produit ou un service plus adapté. Au pire, vous comprendrez ce qui n'a pas fonctionné et vous pourrez vous améliorer.

CADEAU GRATUIT : Formation sur les offres de remise sur abonnement

Tout comme les bonus, les remises ne sont limitées que par votre créativité. Dans ce chapitre, je vous ai fourni les éléments de base. J'ai également réalisé une vidéo présentant certaines des méthodes créatives que j'ai observées. Comme d'habitude, vous pouvez la visionner gratuitement sur acquisition.com/training/money. Vous pouvez également scanner le code QR. Profitez-en !

Offres sans frais

Vous pouvez vous inscrire au mois avec des frais d'installation, ou je vous en dispenserai si vous vous engagez pour un an.

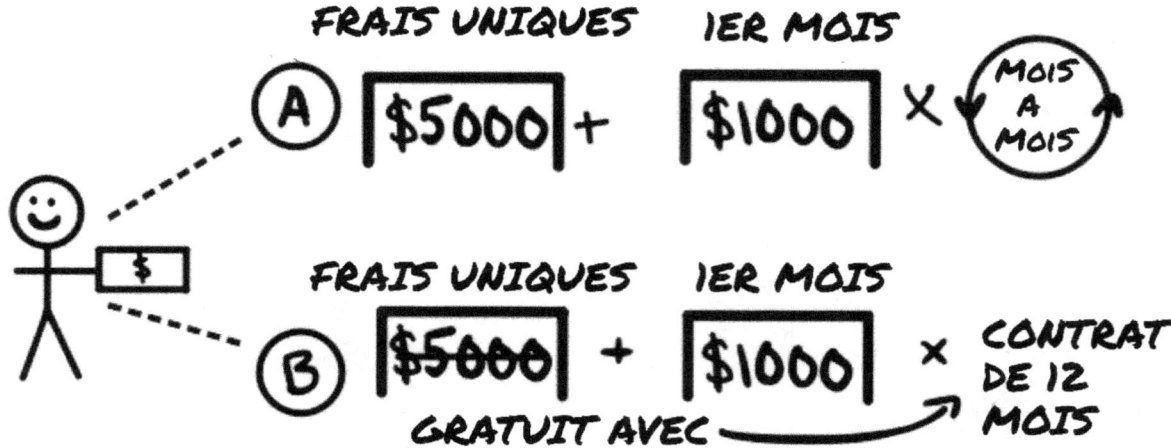

Janvier 2021.

Pendant des années, j'ai entendu des récits sur cette personne, véritable légende de la vente haut de gamme. Aujourd'hui, j'ai enfin eu l'occasion de le rencontrer. Cependant, cela a pris une tournure inhabituelle. On pourrait penser qu'un homme avec une telle réputation aimerait également travailler, mais ce n'est pas le cas. En fait, sa vision du travail était presque à l'opposé de la mienne : il cherchait à *travailler le moins possible*. Et ces personnes qui privilégient leur « style de vie » ont tendance à me rebuter. Cependant, sa réputation légendaire n'était pas sans raison. Cela a donc éveillé davantage mon intérêt…

« Je préfère gagner quelques millions de dollars par an sans aucun employé et avec des clients intéressants plutôt que de créer une entreprise gigantesque qui s'adresse à tous ceux qui sont prêts à me verser de l'argent », a-t-il déclaré. « Je n'ai pas besoin de nourrir mon ego, je me contente de percevoir des paiements mensuels et de me détendre. »

Mais bien sûr… « Des paiements mensuels ? Cela semble moins relaxant que d'être payé d'avance. N'avez-vous pas à gérer les résiliations, annulations et tous les autres tracas liés aux abonnement ? », ai-je demandé.

« Non, pas vraiment. Ma méthode de vente est si simple que vous vous en voudrez quand vous l'entendrez », répondit-il.

« Je vous écoute. »

« Je propose deux options aux clients : *"Vous pouvez opter pour un abonnement mensuel avec des frais d'installation élevés. Ceux-ci couvrent les coûts de départ, mais vous pouvez résilier à tout moment. Ou, si vous vous engagez pour un an, je vous offre la possibilité de ne pas payer ces frais."* Je fixe des frais élevés afin que les acheteurs s'engagent pour les éviter. Je leur demande également de signer pour confirmer qu'ils comprennent qu'ils peuvent résilier leur abonnement plus tôt s'ils paient les frais que je leur ai offerts. »

« Pourquoi des frais aussi élevés ? » ai-je demandé.

« Il est coûteux de se désengager au début, ce qui les incite à persévérer et... »

J'ai continué sa phrase : « Et une fois qu'ils ont dépassé ce stade, cela coûte à peu près autant d'annuler que de continuer. Alors, ils continuent. »

« Exactement. »

Explication

Les offres sans frais fonctionnent de la manière suivante. Tout d'abord, vous demandez au client de payer au début des frais de départ dans le cadre de son adhésion à un programme mensuel. En général, je demande 3 à 5 fois mon tarif mensuel. Ensuite, vous proposez de rembourser *l'intégralité* des frais s'il s'engage sur une plus longue durée. Toutefois, s'il résilie son contrat avant la fin de la période, il devra s'acquitter des frais.

Les clients ont la possibilité de payer des frais importants et de conserver la possibilité de résilier à tout moment, ou de s'engager pour 12 mois et d'être exemptés de ces frais. Beaucoup choisiront de s'engager afin d'éviter les frais élevés.

Nous prenons un plus grand risque s'ils paient au mois. Cependant, *ils* prennent un plus grand risque s'ils s'engagent. Si un client choisit le paiement au mois, nous réduisons notre risque grâce aux frais de départ. Cependant, nous réduisons *leur* risque d'année en année en renonçant à ces frais. Et s'ils s'engagent et souhaitent résilier leur contrat prématurément, cela est acceptable. Ils paient *comme* s'ils avaient choisi le paiement « au mois » dès le début. C'est simple.

Conclusion : les clients resteront plus longtemps si la résiliation coûte plus cher que de continuer.

Exemple

Comme l'offre se concentre davantage sur les prix, elle semble identique dans toutes les entreprises proposant des abonnements.

L'exemple suivant est tiré de l'histoire pour vous permettre de mieux comprendre le fonctionnement.

Exonération des frais avec engagement.

1) Durée de l'engagement : 12 mois

2) Tarif mensuel : 1 000 $ par mois

3) Frais : 5 000 $ *en cas de paiement mensuel.*

Option A : payer des frais uniques de 5 000 $ *plus* 1 000 $ pour le premier mois. Puis payer 1 000 $ par mois par la suite. Vous pouvez résilier à tout moment.

Option B : Exonération des 5 000 $ si vous vous engagez pour 12 mois. Paiement de 1 000 $ par mois. Paiement des 5 000 $ uniquement si vous résilier votre engagement prématurément.

Points importants

Les frais les incitent à se lancer. Les gens trouvent un intérêt à s'engager *immédiatement,* car ils évitent ainsi de payer des frais. Les gens souhaitent éviter les frais. Ainsi, davantage de personnes s'inscrivent à l'abonnement. Mission accomplie.

Les frais les incitent à rester. Les gens restent pour la même raison qui les a poussés à s'inscrire. En restant, *ils évitent les frais.* Les gens résilient pour de nombreuses raisons. Cependant, en encourant des frais supplémentaires plus élevés *pour* annuler *leur inscription,* leur raison initiale de démissionner perd immédiatement de son importance par rapport à l'avantage d'éviter ces frais. En résumé, si le coût de la résiliation dépasse le coût de l'abonnement, ils resteront probablement.

Présenter les frais. Justifiez les frais en expliquant les coûts liés à l'adhésion de nouveaux clients pour des programmes à long terme. En substance, s'ils souhaitent bénéficier d'une flexibilité à court terme, *ils prennent en charge leurs propres frais d'installation.* Cependant, s'ils s'engagent à rester à long terme, *nous prenons en charge leurs frais d'installation.* Si quelqu'un demande des explications supplémentaires, répondez simplement :

« *Votre adhésion engendre des coûts pour nous. Si vous souhaitez simplement tester nos services, vous prenez en charge ces frais. Si vous vous engagez sur le long terme, nous les prenons en charge.* »

Si plus de 5 % des personnes souhaitent résilier leur abonnement prématurément, il est recommandé d'examiner la situation. La tarification *incite* à la fidélité, mais elle ne peut (et *ne doit*) pas compenser un produit de mauvaise qualité. Il est préférable d'encourager les clients, plutôt que de les contraindre à payer pour un service qu'ils n'apprécient pas. Dans ce cas, ils pourraient développer une opinion négative à votre égard.

Si vous souhaitez obtenir davantage de liquidités initiales, réduisez les frais. Des frais moins élevés incitent les clients à opter pour un contrat mensuel. Des frais plus élevés les encouragent à s'abonner. Toutefois, si vous avez besoin de plus de liquidités initiales, vous pouvez fixer les frais entre 1,5 à 3 fois le tarif mensuel. Ainsi, davantage de clients seront intéressés et vous obtiendrez plus de liquidités initiales.

Supprimez les frais une fois que le client a rempli son engagement. Si une personne respecte l'intégralité de son engagement, puis souhaite annuler, elle a mérité sa gratuité. Cela ne s'applique pas indéfiniment. Cela rend le processus équitable.

Je privilégie cette offre pour les engagements d'un an et plus. Plus l'engagement est long, plus cette approche est efficace. Elle fonctionne particulièrement bien avec les services qui nécessitent un temps d'action prolongé (référencement, investissement, perte de poids, etc.). Elle permet de maintenir l'engagement des personnes *lorsqu*'elles sont influencées par leurs émotions.

Frais d'annulation versés à une… œuvre ? Si vous souhaitez maintenir la motivation de vos clients, vous pouvez faire un don à une œuvre qu'ils détestent. Exemple : « Quelle œuvre détestez-vous le plus ?… *Parfait. Si vous annulez avant la date prévue, je ferai don de vos frais d'installation à cette* œuvre. » Cela leur donne *deux* raisons de rester. Premièrement, parce qu'ils ne souhaitent pas débourser de l'argent. Deuxièmement, parce qu'ils ne souhaitent pas que l'œuvre qu'ils détestent en bénéficie.

Points à retenir

- Les offres sans frais proposent une option mensuelle avec des frais ou une exonération des frais s'ils s'engagent.
- Je fixe généralement les frais à 3 ou 5 fois mon tarif mensuel.
- La durée minimale de l'engagement doit être d'un an.

- Plus vos honoraires sont élevés, plus les acheteurs seront nombreux à opter pour cet engagement. Plus vos honoraires sont modestes, plus vous recevrez d'argent comptant dès le départ.

- Si le client respecte son engagement, les frais sont officiellement annulés.

> **CADEAU GRATUIT :** Formation vidéo sur l'annulation des frais
>
> L'annulation des frais est extrêmement efficace. J'ai hâte que vous l'utilisiez et que vous constatiez par vous-même ses avantages. Pour vous aider à vous sentir en confiance lorsque vous l'utiliserez, j'ai réalisé une vidéo qui vous explique comment procéder. Comme d'habitude, vous pouvez la visionner gratuitement sur acquisition.com/training/money. Vous pouvez également scanner le code QR. Profitez-en !

Conclusion sur les offres d'abonnement

La seule chose qui vaut mieux que de convaincre quelqu'un d'acheter une fois, c'est de le convaincre d'acheter à nouveau.

Les offres d'abonnement *fournissent une valeur continue pour laquelle les clients effectuent des paiements réguliers jusqu'à ce qu'ils résilient*. De nombreuses entreprises utilisent les offres d'abonnement pour attirer des clients à moindre coût. Cependant, cela réduit les bénéfices sur 30 jours, ce qui rend difficile la rentabilité de la publicité.

J'utilise les offres d'abonnement différemment. Je les fais *durer*. Je commence par des offres d'attraction rentables. Ensuite, je propose mes upsells et downsells. *Puis,* je propose un abonnement. Et s'ils acceptent, je leur vends une quantité importante de temps ou de produits à prix réduit. Ensuite, ils adhèrent automatiquement à un abonnement après avoir utilisé leur achat en gros. De cette façon, je gagne encore plus d'argent *et* je bénéficie des avantages financiers continus des autres clients de l'abonnement.

Les offres d'abonnement fonctionnent avec des récompenses ou des pénalités. Je privilégie les récompenses. Deux des trois offres d'abonnement que j'ai expliquées les utilisent. Cependant, il y aura toujours des cas où un contrat plus traditionnel sera plus approprié. Dans ces situations, je recommande les offres sans frais.

Dans la section suivante, nous allons créer notre Modèle d'Argent de $100M en combinant les quatre types d'offres : les offres d'attraction, les offres d'upsell les offres de downsell et les offres d'abonnement. Finissons-en !

CHAPITRE VI : CRÉEZ VOTRE MODÈLE D'ARGENT

Comment conquérir l'ensemble de votre marché

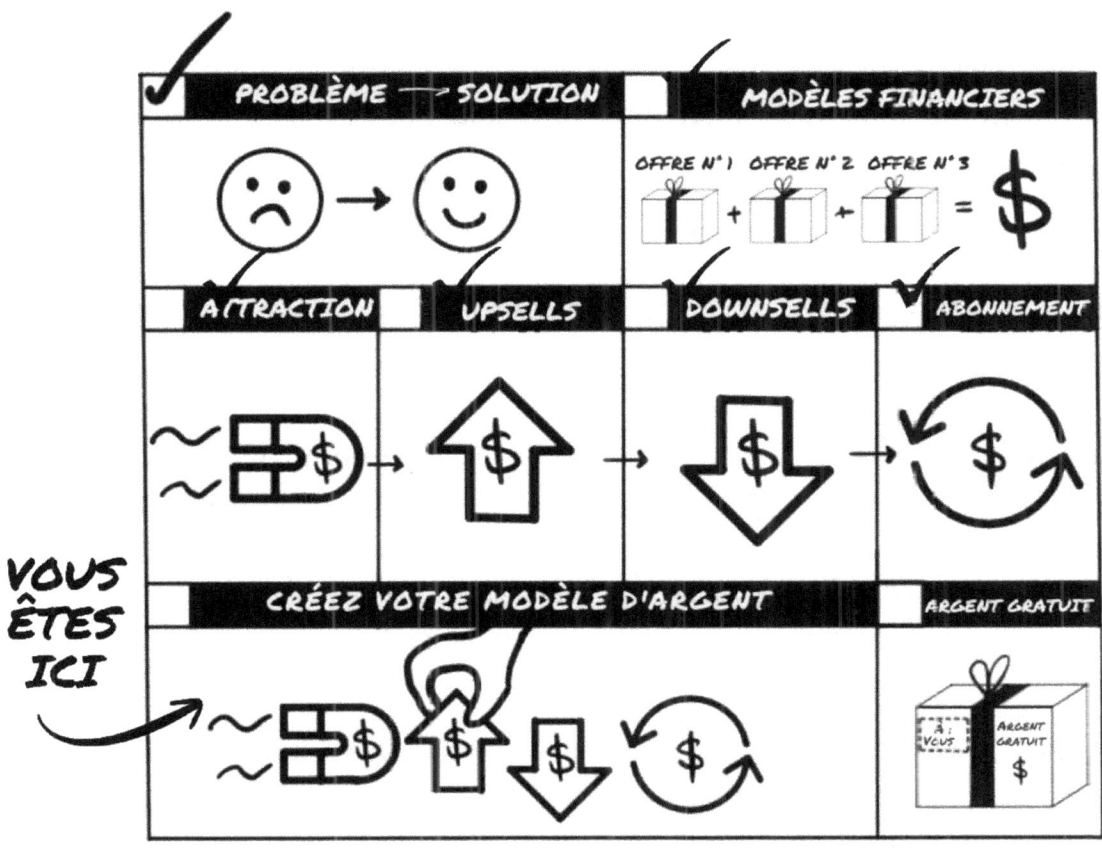

Retour sur l'évolution du Modèle d'Argent de Gym Launch, qui pèse aujourd'hui 100 millions de dollars.

J'ai découvert par hasard le Modèle d'Argent de licence de Gym Launch. Je suis passé de la création de salles de sport à la concession de licences pour les produits que j'utilisais lorsque je le faisais. De cette façon, les propriétaires de salles de sport pouvaient le faire eux-mêmes.

En y repensant, tout a commencé par une offre leurre. J'ai attiré de nouveaux clients avec de nombreux cours gratuits, des livres, des formations vidéo, des formations en direct, etc. Tout ce qui concerne le développement d'une salle de sport. Chaque produit gratuit était accompagné d'un appel gratuit pour aider les propriétaires de salles de sport à l'utiliser. Lors de l'appel, je proposais :

<u>Offre leurre</u> : maintenant que vous avez le plan, vous pouvez le mettre en œuvre par vous-même gratuitement.

Ou...

<u>Offre Premium</u> : Nous pouvons vous assister dans la mise en œuvre de toutes ces mesures pour 16 000 $ sur 16 semaines.

En choisissant l'option premium, ils obtiendraient une mine de tactiques pour générer des revenus. Des tactiques qui m'ont pris des années à mettre au point. Les clients ont adhéré massivement. **Et en un clin d'œil, mon offre leur a permis d'atteindre 476 000 $ par mois en trois mois.** *Ce n'est pas une erreur, vous avez bien lu.*

Cependant, je rencontrais un problème. Comme je ne proposais qu'un seul produit, je savais que mes revenus atteindraient *rapidement* un seuil. J'avais besoin d'une upsell pour augmenter mes bénéfices, sinon Gym Launch allait stagner. J'ai donc élaboré une upsell destinée aux propriétaires de salles de sport plus expérimentés. Je l'ai appelée « Gym Lords » et je l'ai proposée au prix de 42 000 dollars par an. J'ai utilisé <u>l'upsell classique</u> pour proposer des guides et des services avancés. Et une communauté pour partager les meilleures pratiques en tant que <u>bonus sur abonnement</u>. J'ai commencé par proposer *une offre substantielle de 6 000 $* à toute personne effectuant un paiement anticipé. De nombreux propriétaires de salles de sport ont payé d'avance avec les fonds que je venais de leur procurer. Pour ceux qui ne l'ont pas fait, j'ai proposé une downsell avec un <u>plan de paiement</u>.

S'ils refusaient, je proposais un acompte de 10 000 dollars et le paiement du solde échelonné dans le temps. S'ils refusaient à nouveau, je proposais environ 800 dollars par semaine pendant 52 semaines. S'ils refusaient *encore*, je leur proposais de commencer gratuitement. J'utilisais une <u>remise sur abonnement</u> pour anticiper la période gratuite pendant toute la durée nécessaire au remboursement de la première offre. Ensuite, ils passaient directement à ma upsell d'abonnement. De cette façon, leurs paiements restaient continus. **Et en un clin d'œil... La upsell classique + le bonus sur abonnement + la downsell avec plan de paiement + la remise sur abonnement m'ont permis d'atteindre environ 1 500 000 dollars par mois.**

J'avais un autre produit à proposer. Cela a permis de faire passer le Modèle d'Argent de Gym Launch à un niveau supérieur. Cependant, il restait encore du travail à accomplir. Même si le processus de upsell et de downsell fonctionnait bien, *certains propriétaires de salles de sport continuaient de refuser*. J'ai donc décidé de revoir ma stratégie.

J'ai élaboré une upsell à la carte plus personnalisé, avec différents niveaux de service. J'ai proposé des services de publicité clés en main. J'ai proposé des formations pour les équipes commerciales. J'ai proposé des campagnes de pubs clés en main pour générer des revenus rapidement. Enfin, j'ai proposé une offre minimale : un accès continu aux ressources originales de Gym Launch *avec une assistance technique*, à un tarif mensuel réduit. Si les clients ne souhaitaient pas souscrire à l'offre complète, j'ai utilisé l'option « Downsells avec options » pour trouver la meilleure option pour eux. Presque tous les clients sont restés grâce à une offre.

Et Boom ... Les upsells à la carte et les downsells avec options m'ont permis d'atteindre 2 300 000 dollars par mois.

Tout cela en seulement 14 mois.

Nous avons ensuite lancé Prestige Labs et l'avons intégré à Gym Launch. Il s'agissait d'une activité totalement différente, avec son propre Modèle d'Argent. Au bout de 20 mois, nous réalisions un chiffre d'affaires *mensuel de* 4 400 000 dollars. Cela a transformé notre vie. Et pour y parvenir, il a suffi de *quelques produits de qualité* et *d'un Modèle d'Argent de $100M*.

***

Note de l'auteur : lorsque j'ai commencé, je ne connaissais rien à ce Modèle d'Argent. Cela semble simple avec le recul. Cependant, j'espère que cela simplifiera les choses et vous fera gagner du temps par rapport à moi.

Explication

Un Modèle d'Argent est *une séquence réfléchie d'offres*. Il s'agit de ce que vous proposez, quand vous le proposez et comment vous le proposez afin de générer le plus de revenus possible dans les meilleurs délais. Idéalement, l'objectif est de générer suffisamment de revenus auprès d'un client pour acquérir et servir *au moins* deux clients supplémentaires *en moins de 30 jours*. Bien que cela puisse sembler complexe, je divise les Modèles d'Argent à $100M en trois étapes :

Étape I : Obtenir du cash — Les offres d'attraction permettent d'attirer plus de clients à moindre coût.

Étape II : Obtenir davantage de cash — Les offres de upsell et de downsell permettent de générer plus de revenus plus rapidement.

Étape III : Obtenir le maximum de cash — Les offres d'abonnement maximisent le montant total dépensé.

Je décompose mon Modèle d'Argent de $100M en plusieurs étapes, car la croissance du Modèle d'Argent va *de pair* avec celle de l'entreprise. En d'autres termes, si vous essayez de *démarrer* une entreprise à partir de zéro, par vous-même, avec un Modèle d'Argent « abouti », cela risque *de vous* éclater au visage. En réalité, *aucune* de mes entreprises n'a démarré avec un Modèle d'Argent entièrement élaboré. Elles ont *toutes* commencé à l'étape I, y compris Acquisition.com. D'après mon expérience, les Modèles d'Argent évoluent comme suit :

- Tout d'abord, je trouve des clients fiables, *puis*
- Je m'assure qu'ils paient de manière fiable, *puis*
- Je m'assure qu'ils paient pour d'autres clients de manière fiable, *puis*
- Je commence par maximiser la valeur à long terme de chaque client, *puis*
- J'investis autant que possible dans la publicité afin de générer un maximum de revenus.

Mes Modèles d'Argent évoluent de cette manière car je m'assure que *chaque étape finance la suivante*. Nous continuons à améliorer chaque étape jusqu'à ce qu'elle devienne *fiable*. Cela implique également une fiabilité financière *et* opérationnelle. Je vous préviens donc : lorsque votre Modèle d'Argent commencera à fonctionner, votre entreprise commencera à se développer. Cela fait partie du jeu. Je vous suggère donc de trouver quelqu'un capable de constituer et de diriger l'équipe qui concrétisera votre vision. Quand je l'ai fait, j'ai épousé cette personne. J'espère que vous aurez la même chance.

> **Note de l'auteur :** Je tiens à être très clair. Il existe de nombreux *Modèles d'Argent* à *$100 M*. J'ose dire qu'il existe *un Modèle d'Argent* à *$100 M* pour chaque entreprise de $100 M. N'oubliez pas que de nombreuses entreprises génèrent des revenus considérables de diverses manières. Je me contente juste de présenter les méthodes *que j'ai moi-même utilisées*.

Exemples de Modèles d'Argent

Analyse du Modèle d'Argent de lancement d'une salle de sport (services)

Étape I Offre d'attraction : offre leurre

Offre Leurre gratuite à faire soi-même vs licence premium à 16 000 dollars avec assistance

Étape II Offre upsell : upsell classique

Une fois que vous savez comment les obtenir, vous devez savoir comment les fidéliser.

42 000 $ par an (36 000 $ prépayés) pour des services commerciaux avancés.

Étape II Offre downsell : downsell avec plan de paiement

Offre downsell « balançoire » : *commencez par un acompte de 10 000 $, le reste étant réparti sur 52 semaines.*

Offre de plan de paiement final : *800 $ par semaine pendant 52 semaines.*

Étape III Offre d'abonnement : choix de finalisation + offre downsell avec options

Forfait complet : 800 $ par semaine

Option : publicité clé en main : 300 $ par semaine

Option : Formation quotidienne à la vente en salle de sport : 200 $ par semaine

Option : Nouvelles sorties mensuelles : 500 $ par semaine

Option : Matériel sous licence original avec assistance technique : 100 $ par semaine

Forfait minimum : 100 $ par semaine

Analyse du Modèle d'Argent des micro-salles de sport (entreprise locale)

Étape I Offre d'attraction : récupérez votre argent

Défi fitness payant. Récupérez votre argent si vous atteignez vos objectifs.

Étape I Offre downsell : downsell avec plan de paiement

Paiement fractionné→ Paiement en trois fois→ Essai gratuit sous conditions

Étape II Offre upsell : Upsell à la carte

Vous n'obtiendrez pas les meilleurs résultats sans les compléments alimentaires adaptés.

Ensembles de compléments alimentaires : Grand ensemble personnalisé en fonction de vos objectifs

Étape II Offre downsell : downsell avec options

Compléments alimentaires : offre groupée importante→ offre groupée réduite→ abonnement mensuel

Étape III Offre d'abonnement : offre de upsell reportée + Remise à vie

50 $ de réduction par mois à vie avec un engagement de 12 mois

Newsletter (produit numérique)

Étape I Offre d'attraction : essai gratuit

0 $, puis 399 $ par mois après 30 jours

Étapes II et III : Upsell + Abonnement : Payez moins maintenant/Payez plus plus tard + Remise à vie.

Payez 297 $ maintenant et conservez ce tarif à vie.

Note de l'auteur : J'apprécie cette offre. Elle est remarquable. Elle combine un essai gratuit, un paiement payez moins maintenant/plus plus tard, une remise à vie, et constitue à la fois une offre d'attraction, une offre upsell et une offre d'abonnement. Un concept à six volets pour générer des revenus. Ce n'est qu'un aperçu de la créativité que vous pouvez atteindre en combinant ces éléments.

Nourriture pour chiens (produit physique)

Étape I Offre d'attraction : achetez X et obtenez Y gratuitement

Achetez quatre mois de nourriture, obtenez deux mois gratuits

Étape II Offre upsell : upsell classique *(comme dans l'exemple de la location de voiture)*

Souhaitez-vous recevoir chaque mois des jouets pour chiens→ ? Des vitamines pour chiens→ ?

Étape II Offre downsell : downsell avec options

Seulement la nourriture haut de gamme, alors ? Vous ne souhaitez rien d'autre, n'est-ce pas ?

Étape III Offre d'abonnement : renouvellement automatique après le premier achat en gros.

Après six mois, l'abonnement se poursuit mois après mois. Vous pouvez résilier à tout moment.

Créez votre propre Modèle d'Argent

Étape 1) Commencez par une offre d'attraction. L'objectif est de transformer des inconnus en clients et de couvrir les coûts. Déterminez donc ce que vous allez vendre. Ensuite, identifiez la meilleure façon de le présenter. Le chapitre « Offres d'attraction » présente mes préférées : « Récupérez votre argent », « Concours », « Offres leurres », « Achetez X, obtenez Y gratuitement », « Payez moins maintenant ou payez plus plus tard ». Ensuite, *faites-en de la publicité*. Si vous obtenez des prospects qui se transforment en clients, vous êtes sur la bonne voie. Il peut falloir jusqu'à un an pour déterminer ce qui fonctionne le mieux. Si vous souhaitez en savoir plus sur la publicité, je vous invite à consulter mon deuxième livre, «*$100M Leads* ».

Étape 2) Choisir une offre upsell. L'objectif est d'obtenir des bénéfices sur 30 jours *bien supérieurs à* nos coûts d'acquisition d'un nouveau client et de livraison de votre offre. N'oubliez pas qu'une fois qu'un problème est résolu, un autre apparaît. Ces problèmes ont également besoin d'être résolus. Vous résolvez les problèmes créés par votre offre d'attraction grâce à des offres upsell. Choisissez donc l'offre upsell qui correspond le mieux au problème que vous résolvez et à la manière dont vous le résolvez. Le chapitre « Offres de vente incitative (upsell) » vous présente mes quatre offres préférées : upsell classique, upsell à la carte, upsell d'ancrage et upsell reportée. Ensuite, faites votre offre au moment où le besoin est le plus grand.

Étape 3) Choisissez une downsell. L'objectif est d'amener les clients qui ont refusé votre dernière offre à accepter une autre offre. De cette manière, vous vendrez à un plus grand nombre de personnes que vous ne l'auriez fait autrement, ce qui vous permettra de générer plus de revenus à partir du même nombre de prospects. Le chapitre « Offres alternatives (downsell) » présente mes trois offres préférées. Si vous souhaitez conserver le même prix, *modifiez le mode de paiement* à l'aide des options « downsell par plans de paiement » ou « Essais ». Si vous souhaitez facturer moins cher, modifiez *ce qu'ils obtiennent* à l'aide des « downsell avec options ». Et surtout, vous pouvez alterner entre ces options au cours d'une même vente. Plus vos offres sont flexibles, plus les clients seront nombreux à les acheter.

Étape 4) Choisissez une offre d'abonnement. L'objectif ici est de réaliser une dernière vente dans notre fenêtre de 30 jours et d'accumuler des revenus récurrents. J'essaie donc d'intégrer l'abonnement dans mon activité à *long terme*. Mes trois offres d'abonnement préférées sont : les bonus sur abonnement, les remises sur les abonnements et les offres sans frais.

Parfois, le meilleur moment pour proposer des offres d'abonnement se situe *après* les 30 premiers jours, et cela est tout à fait acceptable. *Il est préférable de faire l'offre au bon moment plutôt que d'essayer de la forcer au mauvais moment.*

Note de l'auteur : les entreprises autofinancées doivent acquérir des clients de manière rentable.

À moins d'obtenir des investisseurs extérieurs, de disposer d'une fortune initiale ou d'avoir une source inépuisable de clients gratuits, la mise en place d'un *Modèle d'Argent est le seul moyen de se développer de manière rentable*. Sinon, vous risquez d'épuiser vos liquidités et de faire faillite avant même d'avoir eu une chance de réussir.

Points importants

Une offre parfaite à la fois. Il peut être tentant de mettre en œuvre l'ensemble d'un Modèle d'Argent en une seule fois. Évitez de le faire. Restez fidèle à votre étape. Choisissez une offre. Testez-la. Continuez à l'utiliser jusqu'à ce qu'elle fonctionne de manière fiable. Une fois qu'elle est fiable, utilisez-la de nombreuses fois jusqu'à ce qu'elle devienne automatique. *Ensuite*, passez à l'étape suivante.

La patience reste le moyen le plus rapide d'atteindre votre objectif. Vous devrez donc mesurer vos progrès en trimestres, et non en semaines. Soit vous le construisez correctement, soit vous le reconstruisez. Et encore. Et encore. Reconstruire, même rapidement, prend toujours plus de temps que de le construire correctement dès le départ.

Augmentez le prix par étapes. Proposez d'abord des offres à bas prix. Ensuite, à mesure que vous obtenez des réponses positives, augmentez le prix. Un grand nombre de réponses positives dès le début vous permet d'obtenir les commentaires des clients et d'améliorer le produit. Ensuite, lorsque l'offre devient fiable, commencez à augmenter le prix. Continuez à augmenter le prix jusqu'à ce que vous ne puissiez plus compenser les réponses négatives avec l'argent supplémentaire que vous gagnez grâce aux réponses positives. En d'autres termes, continuez à augmenter le prix jusqu'à ce que vous gagniez moins d'argent.

Simplicité et efficacité. Évitez les complications inutiles. Tirez le meilleur parti de ce dont vous disposez. N'oubliez pas qu'il s'agit moins d'offrir 100 produits que de proposer 100 façons différentes d'offrir votre produit. Réfléchissez à plusieurs façons de vendre le même produit, plutôt qu'à plusieurs produits différents à vendre. Si je propose des séances d'entraînement personnalisées, je peux offrir une, deux, trois, quatre séances par semaine, etc. *Cela permet de transformer un seul produit en plusieurs offres.*

IMPORTANT Les produits de partenaires peuvent combler les lacunes de votre Modèle d'Argent. Une relation de partenariat signifie simplement que vous vendez les produits d'autres personnes en échange d'une commission. Si vous n'avez rien à offrir et que vous souhaitez démarrer une entreprise, vous pouvez proposer les produits d'autres personnes. Si vous n'avez qu'une seule offre et que vous souhaitez en ajouter d'autres à votre Modèle d'Argent, vous pouvez proposer les produits d'autres personnes. Si vous possédez une entreprise d'une valeur de $100M et que vous souhaitez générer davantage de revenus sans alourdir la charge opérationnelle, vous pouvez proposer les produits d'autres personnes. En résumé, vous pouvez toujours proposer les produits d'autres personnes dans votre Modèle d'Argent. Voici quelques exemples :

- Service : une agence dentaire dirige ses clients dentistes vers un fabricant d'appareils orthodontiques. Le fabricant verse des commissions pour chaque client envoyé. Plus de revenus. Pas de travail supplémentaire. Voilà.

- Entreprise locale : un massothérapeute vend à ses clients des appareils de massage à domicile, des bandes d'exercice, des ballons médicinaux, etc. Le client paie par l'intermédiaire du thérapeute, et l'autre entreprise expédie directement les articles au client. Quelques mots supplémentaires. Beaucoup d'argent supplémentaire. Aucun service supplémentaire fourni.

- Produit numérique : un éducateur recommande à ses clients d'utiliser un logiciel de service à la clientèle spécifique. La société de logiciels verse une commission au consultant pour chaque inscription.

Transformez les offres d'attraction en offres d'abonnement grâce au renouvellement automatique. Cela permet d'obtenir un avantage double. Par exemple, si vous proposez une offre « Achetez 6 mois, obtenez 6 mois gratuits », celle-ci peut se transformer automatiquement en abonnement mensuel à la fin des 12 mois. Vous bénéficiez ainsi des avantages des offres d'attraction et des offres d'abonnement. Un conseil simple avec des implications *importantes*.

Vous pouvez combiner les offres comme vous le souhaitez. Je présente les offres de cette manière car c'est ainsi que je les utilise. Cependant, si vous vous souvenez bien, j'ai appris beaucoup d'entre elles auprès de personnes qui les utilisaient différemment de moi. Vous pouvez utiliser la plupart de ces offres *n'importe où*. Vous pouvez utiliser des tactiques de upsell dans votre offre d'attraction. Vous pouvez mettre en place un processus de downsell avec *chaque* offre. Vous pouvez utiliser une offre d'abonnement pour attirer de nouveaux clients. Il n'y a pas de règles. Vous pouvez faire ce que vous souhaitez. Je vous montre les choses d'une certaine manière, *mais je m'attends à ce que vous les utilisiez d'une autre manière*. Commencez donc par suivre mes conseils. Ensuite, à mesure que vous vous améliorez, expérimentez. C'est ainsi que j'ai appris ces techniques. Et c'est ainsi que vous les apprendrez également.

En résumé

- Un Modèle d'Argent est une séquence d'offres délibérée.

- Les Modèles d'Argent comportent trois étapes : obtenir du cash (offres d'attraction), obtenir davantage de cash (upsells et downsells), obtenir le maximum de cash (offres d'abonnement).

- Pour créer votre propre Modèle d'Argent, commencez par une offre d'attraction. Une fois que vous avez acquis des clients et généré des liquidités, ajoutez une offre d'upsell. À partir de là, ajoutez des offres de downsell pour inciter davantage de personnes à acheter. Enfin, ajoutez votre offre d'abonnement.

- Veuillez ne pas tenter de mettre en œuvre un Modèle d'Argent complet d'un seul coup. Cela pourrait nuire à votre entreprise.

- Ne lancez pas davantage d'entreprises dans le seul but de proposer davantage d'offres. Il ne s'agit pas d'avoir 100 produits à proposer, mais plutôt d'avoir 100 façons de proposer votre produit.

- Pour vendre davantage sans créer 100 entreprises, proposez des produits d'*autres* entreprises et *laissez-les se charger de la livraison.*

- Les relations de partenariat peuvent combler les lacunes de votre Modèle d'Argent sans vous causer de soucis de livraison.

- Proposez des prix suffisamment bas pour obtenir de nombreuses réponses positives. Utilisez les commentaires des clients pour améliorer votre produit. Ensuite, augmentez progressivement le prix jusqu'à ce que vous cessiez de générer davantage de bénéfices.

- Un Modèle d'Argent de $100M élimine les contraintes financières qui freinent la croissance. Mission accomplie.

CADEAU GRATUIT : Créez votre propre Modèle d'Argent grâce à une formation étape par étape

Ce chapitre est très dense. Il s'agit sans doute du plus important de l'ouvrage. Afin de vous éviter toute difficulté, j'ai réalisé une vidéo qui vous guide pas à pas tout au long de ce processus. Comme d'habitude, vous pouvez la visionner gratuitement (sans inscription) sur acquisition.com/training/money. Vous pouvez également scanner le code QR.

Dix ans en dix minutes

La meilleure chose qu'un être humain puisse faire est d'aider un autre être humain à en savoir plus. - Charlie Munger

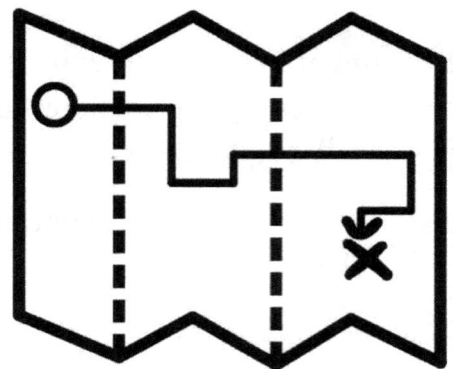

La place des Modèles d'Argent dans la grande vision d'ensemble

Mon premier ouvrage, intitulé « Des offres à *$100M* », répondait à la question suivante : « *Que dois-je vendre ?* » Réponse : des offres si irrésistibles que les gens se sentiraient stupides de refuser. Mon deuxième ouvrage, intitulé « *$100M Leads* », répondait à la question logique suivante : « *Comment trouver ces personnes ?* » Réponse : en faisant de la publicité. Le présent ouvrage, *intitulé « $100M - Les Modèles d'Argent »*, répond à la question logique suivante : « *Comment les inciter à acheter ?* » Réponse : en utilisant un Modèle d'Argent.

Ce que nous avons abordé

Nous avons abordé de nombreux sujets. Je pense que le fait de regrouper ce que nous avons appris en un seul endroit facilite la compréhension. J'ai donc dressé cette liste sommaire de ce que nous avons abordé et pourquoi.

1) **Un Modèle d'Argent** est une série d'offres conçues pour augmenter le nombre de clients, le montant de leurs achats et la rapidité avec laquelle ils paient.

2) **Un Modèle d'Argent efficace** *génère plus de bénéfices par client que ce qu'il en coûte pour l'avoir et le satisfaire au cours des 30 premiers jours.* C'est le minimum requis.

3) **Un Modèle d'Argent de $100M** *génère plus de bénéfices à partir d'un seul client que ce qu'il en coûte pour avoir et satisfaire de nombreux clients au cours des 30 premiers jours,* ce qui élimine l'argent comme facteur limitant la croissance de votre entreprise.

4) Les Modèles d'Argent proposent **quatre types d'offres** : les offres d'attraction, les offres upsell, les offres downsell et les offres d'abonnement.

5) **Les offres d'attraction** attirent les clients en leur proposant quelque chose gratuitement ou à prix réduit. Souvent, elles permettent également de générer des revenus en proposant une *meilleure offre* à un prix plus élevé. Nous en avons présenté cinq.

   a) <u>Récupérez votre argent</u> : *vous* fixez un objectif au client *et* lui indiquez comment l'atteindre. S'il l'atteint, il peut alors récupérer son argent *ou* obtenir un avoir en magasin.

   b) <u>Concours</u> : vous annoncez la possibilité de gagner un prix important en échange des coordonnées et de toute autre information souhaitée. Après avoir sélectionné un gagnant, vous proposez à tous les autres participants le prix important à un prix réduit.

   c) <u>Offres leurres</u> : vous annoncez une offre gratuite ou à prix réduit. Lorsque le prospect demande plus d'informations, vous lui présentez également une offre premium plus intéressante. L'offre premium comprend davantage de fonctionnalités, d'avantages, de bonus, de garanties, etc.

   d) <u>Achetez X, obtenez Y gratuitement</u> : vous offrez à vos clients des articles gratuits en échange de l'achat d'autres articles payants. Plus les articles gratuits sont nombreux et de grande valeur, plus les clients sont enclins à acheter.

   e) <u>Payez moins maintenant ou payez plus plus tard</u> : vous offrez aux clients le choix entre payer le prix plein plus tard OU payer un prix réduit maintenant *et* bénéficier de bonus supplémentaires.

6) **Les offres upsell** sont les produits ou services que vous proposez ensuite. Il s'agit généralement de versions plus complètes, améliorées ou plus récentes de ce que le client vient d'acheter. Elles vous permettent de générer rapidement des revenus supplémentaires. Nous en avons présenté quatre.

   a) <u>L'upsell classique</u> : vous proposez la solution au prochain problème du client dès qu'il en prend conscience. *Vous ne pouvez pas avoir X sans Y !*

   b) <u>Les upsells « à la carte »</u> : vous indiquez aux clients les options dont ils n'ont pas besoin. Ensuite, vous leur expliquez ce dont ils ont besoin *et* comment en tirer profit. *Vous n'avez pas besoin de ceci... vous avez besoin de cela.*

- c) Les upsells d'ancrage : vous proposez d'abord votre produit le plus cher. Si le client hésite, vous lui proposez une alternative beaucoup moins coûteuse, mais toujours acceptable. *Ne vous inquiétez pas. Si le produit X ne vous intéresse pas, celui-ci pourrait mieux vous convenir.*

- d) Les upsells reportées : vous créditez tout ou partie des achats précédents d'un client sur votre prochaine offre. *Étant donné que vous avez déjà dépensé 500 $, je vais simplement créditer ce montant sur votre abonnement pour une année complète.*

7) **Les offres downsell** sont tout ce que vous proposez après qu'une personne ait refusé. En transformant les refus en acceptations, vous gagnez davantage. Nous en avons abordé trois.

    - a) Downsells par plan de paiement : vous proposez le même produit au même prix, mais le client paie une partie maintenant et le reste au fil du temps. *Quand serez-vous payé ? Que diriez-vous de la moitié maintenant et l'autre moitié plus tard ?*

    - b) Essai sous conditions : vous permettez aux clients d'essayer votre produit ou service gratuitement, à condition qu'ils respectent vos conditions. S'ils le font, ils ont plus de chances de devenir des clients payants. S'ils ne le font pas, ils paient. *Si vous effectuez X, Y, Z, je vous autorise à commencer gratuitement.*

    - c) Downsells avec options : vous réduisez les prix en modifiant ce que le client obtient. Je propose des alternatives en quantité moindre, de qualité inférieure, à prix réduit, ou je supprime complètement certaines options. *Si vous acceptez de ne pas bénéficier de garantie, je peux vous accorder une réduction de 400 $.*

8) **Les offres d'abonnement** offrent une valeur ajoutée continue pour laquelle les clients effectuent des paiements réguliers, jusqu'à ce qu'ils résilient leur abonnement. Elles augmentent le bénéfice généré par chaque client et vous fournissent un dernier argument de vente. Nous en avons abordé trois.

    - a) Offres bonus sur abonnement : vous offrez au client un avantage exceptionnel s'il s'inscrit aujourd'hui. En général, le bonus lui-même a plus de valeur que le premier paiement de l'abonnement. *Si vous vous inscrivez aujourd'hui, vous recevrez également un avantage XYZ.*

    - b) Offres de remise sur les abonnements : vous accordez au client une période gratuite, immédiate ou différée, s'il s'inscrit aujourd'hui.

    - c) Offres sans frais : vous demandez d'abord au client de payer des frais de démarrage dans le cadre de son adhésion à un programme mensuel. Ensuite, vous lui proposez de lui accorder une remise *sur la totalité* des frais s'il s'engage à long terme. S'il résilie son contrat avant la fin de la période, il paie les frais.

9) Vous construisez des Modèles d'Argent **étape par étape**.

   a) *Une fois que* j'ai acquis une clientèle fiable, je m'assure qu'elle paie de manière fiable pour elle, *puis* je m'assure qu'elle paie pour d'autres clients de manière fiable, *puis* je commence à maximiser la valeur à long terme de chaque client. *Ensuite*, je génère autant d'argent que possible.

Conclusion : les informations contenues dans ces points m'ont apporté plus de clients gratuits *et* rentables que je n'aurais jamais imaginé pouvoir en gérer. Si vous les mettez en pratique, elles feront de même pour vous. Ainsi, les contraintes d'argent ne freineront plus votre activité. J'espère que ce livre vous aidera à réaliser vos rêves à votre guise.

De plus, étant donné que vous faites partie des rares personnes qui mènent à bien ce qu'elles entreprennent, je souhaite vous remettre un cadeau d'adieu : quelques remarques finales qui m'ont aidé à traverser des moments difficiles.

Dernières réflexions

On ne devient pas confiant en se répétant des phrases toutes faites devant le miroir : on le devient en s'apportant une montagne de preuves irréfutables que l'on est bien la personne que l'on prétend être. Surpassez vos doutes par le travail.

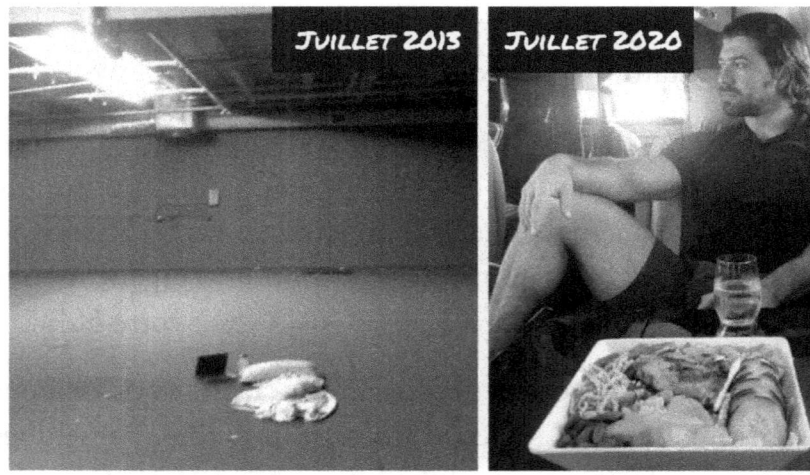

Un message que j'ai publié le 25 juillet 2020, avant de rendre ma vie publique.

***

Leila a pris cette photo alors que je ne regardais pas, et je me suis dit : « Je suis vraiment pensif sur cette photo ».

Peu importe, c'était la deuxième fois que nous prenions un jet privé.

Et... c'était génial.

Ils disent que si vous coulez avec le navire, votre ceinture de sécurité ne vous sauvera pas.

Quoi qu'il en soit, à tous les entrepreneurs qui déçoivent leurs parents, leurs épouses, leurs maris, leurs amis, leurs faux amis et tous ceux qui doutent de vous.

#1 JE SUIS VOTRE PLUS GRAND FAN.

#2 : Les choses sérieuses vont commencer, alors soyez vite prêt.

#3 : Vous ne pouvez pas échouer si vous n'abandonnez pas. Je me répétais ça sans cesse lorsque je n'avais plus envie de continuer.

Si vous vous sentez désespéré... bienvenue dans le monde de l'entrepreneuriat. Si vous avez l'impression que vous n'y arriverez jamais... vous êtes sur la bonne voie. Si vous avez l'impression d'être une déception pour tous ceux que vous connaissez... Continuez. D'avancer.

Car au bout du chemin, il n'y a pas un trésor.

Il y a vous.

Le vrai vous.

Ça a toujours été là, vous chuchotant à l'oreille : encore un pas... encore un appel... encore une vente.

Lorsque je dis que je suis votre plus grand fan, c'est parce que j'ai vécu ça. Et je vous comprends parce que je sais EXACTEMENT ce que ça fait. Avoir à la fois une confiance totale et un doute absolu. En même temps. Voici tout ce que vous devez faire :

Continuez d'avancer.

Continuez à vous battre.

Continuez à vous améliorer.

Votre heure viendra.

Le succès est la seule revanche.

***

Il est possible que vous vous trouviez actuellement dans la même situation que moi lorsque j'ai commencé. Travaillant dans un endroit peu motivant, sous des lumières éblouissantes, avec l'envie de vous échapper. Vous pourriez vous sentir submergé par toutes les tâches à accomplir pour réussir. Cependant, malgré cette incertitude, sachez que tous les entrepreneurs, passés et présents, partagent ce fardeau avec vous. J'ai vécu cela. Ils ont vécu cela. Vous n'êtes pas seul. Je partage ces histoires telles que je les ai vécues afin que vous puissiez en tirer profit comme je l'ai fait.

Voici donc ma promesse : suivez les leçons, et l'argent viendra.

Soyez l'exception.

Alex Hormozi, fondateur, Acquisition.com

P.S. : J'ai quelques cadeaux à vous offrir pour vous remercier d'avoir mené à bien ce que vous avez commencé.

Cadeaux gratuits

Miam miam miam.

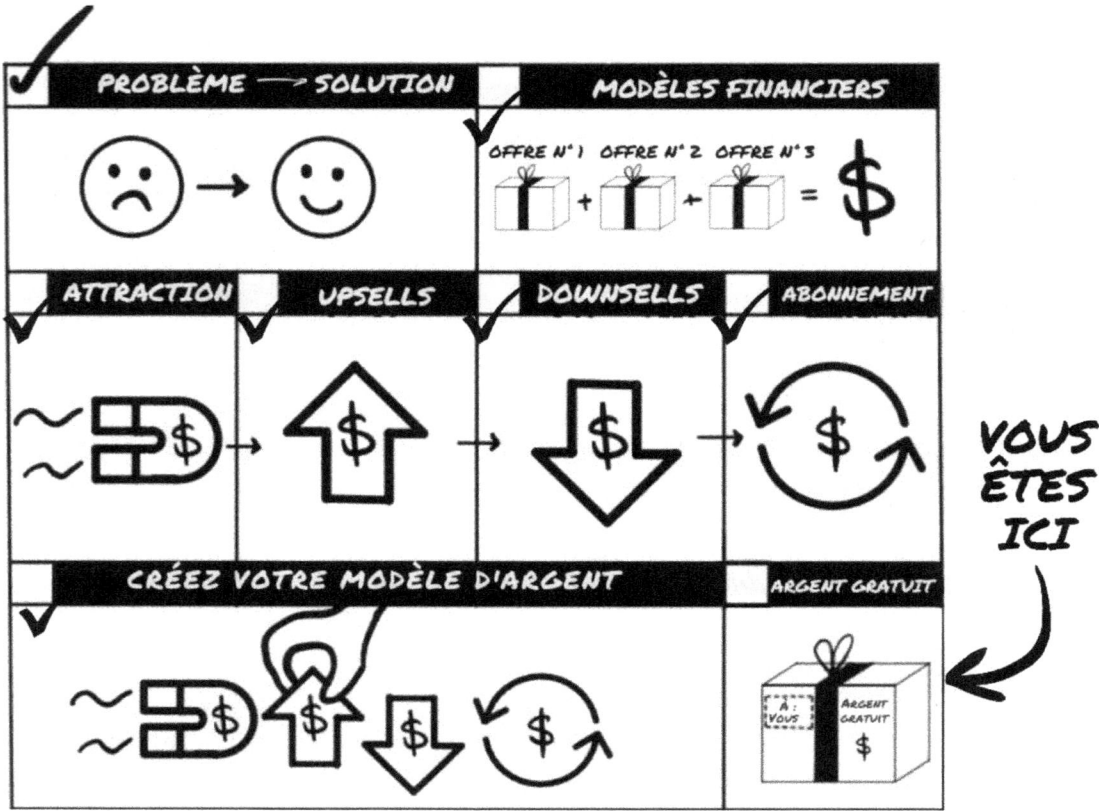

Un peu comme les bandes-annonces après le générique, si vous êtes toujours là, je souhaitais vous offrir quelques cadeaux.

1) **Si vous avez des difficultés à déterminer à <u>qui</u> vendre**, j'ai publié un chapitre intitulé « Votre premier avatar ». Vous pouvez l'obtenir gratuitement sur **Acquisition.com/avatar**. Il vous suffit d'entrer votre adresse e-mail et nous vous l'enverrons.

2) **Si vous avez des difficultés à déterminer <u>ce</u> que vous souhaitez vendre**, vous pouvez vous rendre sur Amazon ou tout autre site où vous achetez des livres et rechercher « Alex Hormozi » et « *Des Offres à $100M* ». Cela devrait vous mettre sur la bonne voie.

3) **Si vous rencontrez des difficultés à <u>susciter l'intérêt des clients</u> pour vos produits,** nous vous recommandons de vous rendre sur Amazon ou tout autre site de vente de livres et de rechercher « Alex Hormozi » et « *$100 M Leads* ». Cela devrait vous mettre sur la bonne voie.

4) **Si votre entreprise affiche un EBITDA (profit) supérieur à 1 million de dollars**, nous serions ravis de vous aider à vous développer. Il est très gratifiant de constater que certaines entreprises ont connu une croissance plus importante et plus rapide que la mienne *parce qu'elles ont évité les erreurs que j'ai commises*. Si vous souhaitez que nous examinions votre situation et déterminions si nous pouvons vous aider, rendez-vous sur **Acquisition.com**.

5) **Si vous êtes intéressé par un poste chez Acquisition.com** ou dans l'une de nos entreprises, nous apprécions particulièrement recruter parmi les membres de #mozination. Nos meilleurs résultats proviennent de l'investissement dans des personnes talentueuses. Veuillez consulter **Acquisition.com/careers/open-jobs** pour découvrir toutes les offres d'emploi disponibles.

6) **Pour** obtenir les **téléchargements gratuits et les formations vidéo** qui accompagnent ce livre, rendez-vous sur **Acquisition.com/training/money**.

7) **Si vous appréciez écouter des podcasts et souhaitez en découvrir davantage**, mon podcast, au moment où j'écris ces lignes, figure dans le top 5 des podcasts consacrés à l'entrepreneuriat et dans le top 15 des podcasts consacrés aux affaires aux États-Unis. Vous pouvez y accéder en recherchant « Alex Hormozi » sur votre plateforme d'écoute habituelle ou en vous rendant sur **Acquisition.com/podcast**. J'y partage des récits utiles et intéressants, des leçons précieuses et les modèles mentaux essentiels sur lesquels je m'appuie quotidiennement.

8) **Si vous appréciez regarder des vidéos**, nous avons investi de nombreuses ressources dans notre formation gratuite, accessible à tous. Nous avons l'intention de la rendre plus performante que n'importe quelle formation payante, et nous vous laissons juger si nous y sommes parvenus. Vous pouvez trouver nos vidéos sur YouTube ou sur n'importe quelle autre plateforme en recherchant « Alex Hormozi ».

9) **Si vous préférez les vidéos courtes**, découvrez le contenu concis que nous publions quotidiennement sur **Acquisition.com/media**. Vous y trouverez tous les sites sur lesquels nous publions et pourrez choisir ceux qui vous plaisent le plus.

Enfin, merci encore. Je vous invite à contribuer à notre communauté et à partager cette expérience avec d'autres entrepreneurs en laissant un avis. Cela serait très apprécié. Je vous envoie mes meilleurs vœux professionnelles depuis mon bureau. J'y passe beaucoup de temps, donc ils sont très nombreux. Que votre désir soit plus fort que vos obstacles.

www.ingramcontent.com/pod-product-compliance
Lightning Source LLC
Chambersburg PA
CBHW081837170426
43199CB00017B/2752